湖北省公益学术著作出版专项资金
Hubei Special Funds for Academic and Public-interest Publications

楚文化标识

主编／张忠家

長江出版傳媒
湖北人民出版社

图书在版编目（CIP）数据

楚文化标识 / 张忠家主编. -- 武汉 : 湖北人民出版社, 2024. 12.
ISBN 978-7-216-10962-8

Ⅰ. K871.34

中国国家版本馆CIP数据核字第20245F8D91号

责任编辑：田　晓
　　　　　夏子茗
封面设计：刘舒扬
责任校对：范承勇
责任印制：蔡　琦

出版发行： 湖北人民出版社	**地址：** 武汉市雄楚大道268号
印刷： 湖北新华印务有限公司	**邮编：** 430070
开本： 787毫米 × 1092毫米 1/16	**印张：** 15
字数： 250千字	**插页：** 5
版次： 2024年12月第1版	**印次：** 2024年12月第1次印刷
书号： ISBN 978-7-216-10962-8	**定价：** 128.00元

本社网址：http://www.hbpp.com.cn
本社旗舰店：http://hbrmcbs.tmall.com
读者服务部电话：027-87679656
投诉举报电话：027-87679757
（图书如出现印装质量问题，由本社负责调换 ）

序

张忠家

标识，可抽象，也可具象，可以是一种符号，也可以是一种具体实物或图像。文化标识，作为一种文化的代表性符号或图案，凝聚着这种文化的独特人文内涵和精神内核。文化标识的凝练与传承，具有十分重要的意义。

提及对一种文化的理解，首先出现在人们脑海中的，可能是一个个抽象的文化符号，或笔画，或音符，或味道；也可能是一幅幅图案，或人物，或物件，或建筑。譬如，我们说到中华文明，有的人会想到龙凤呈祥的图案，有的人会想到先秦、秦汉等各个历史时期，有的人则会想到长江、黄河、长城等一些具体的实景；提到中医，有的人会想到各种中草药和苦味难闻的药汤，有的人会想到阴阳五行，有的人则会想到著书立说、懂得“望闻问切”的医学家；提到北京，有的人会联想到故宫、天安门、天坛以及胡同、四合院等，有的人则会联想到京腔和京味小吃。总之，文化标识的凝练，要做到众口一词，有极高的难度。

黄河文化和长江文化是中华文化的两个重要组成部分，两者耦合，缺一不可。荆楚文化是长江文化的杰出代表。其中，新石器时代的屈家岭文化、石家河文化，东周时期的楚文化，汉末魏晋的三国文化，近现代的首义文化、红色文化，都可与中华大地其他区域的同类型文化竞美。荆楚文化是源远流长的中华文化的重要组成部分，它孕育滋养过道家、道教、南学、禅宗、理学、心学，它在中华文明发展史上的地位举足轻重。

楚文化是荆楚文化的主源。但由于历史原因，正史记载的南方文化明显比北方文化少得多。楚人创造的物质财富和精神瑰宝，多数消散在数千年的历史长河中，难以整体系统地观察、总结。但随着近百年的考古发掘，一系列的惊人发现，正逐渐向我们展示出楚文化庞大的体量和深邃的内涵。正如楚学泰斗张正明在其学术文集的《〈楚学文库〉编者献辞》一篇中所说，“楚学的对象自成一个博大精深的体系，从神话、传说到信史，从石器时代、铜器时代到铁器时代，从天文、历法到地理，从物质形态的、精神形态的到制度和风俗，从民族、语言到文字，从玉帛到干戈，从科学到巫术，从老、庄的‘玄览’到屈、宋的‘流观’，从事象到模式等，凡上古文化涉及的一切，无所不包。只靠一个学科或者几个学科的力量，断难窥其堂奥而得其神髓”。由此可见，面对如此厚重的地域文化，凝练其文化标识，确是一项万分艰巨的任务。

文化标识，无疑是美善的。《老子》第二章云：“天下皆知美之为美，斯恶已；皆知善之为善，斯不善已。”古圣先贤对美善的追求，力求不刻意、不伪造，去其雕琢，存其天然，返璞归真，这或许是中华文明追求美善的最高境界。

凝练楚文化的内核，楚学先贤大家做出了不懈努力。譬如，张正明先生在《楚文化史》中首提“六大支柱”（大体为青铜冶炼、丝织刺绣、髹漆工艺、老庄哲学、屈骚文学和美术乐舞），王生铁先生在《楚文化概要》一书中将其增补总结为“六大支柱，五种精神”（其五种精神为：筚路蓝缕的艰苦创业精神、追新逐奇的开拓进取精神、兼收并蓄的开放融会精神、崇武卫疆的强军爱国精神以及重诺贵和的守信和谐精神），刘玉堂先生则在《楚脉千秋》中提出“六大文脉”（筚路蓝缕的进取精神、大象无形的开放气度、一鸣惊人的创新意识、上善若水的和谐理念、九死未悔的爱国情怀、一诺千金的诚信品格），如此等等，均响应者众，影响至远。这些凝练，无疑是至美至善和深中肯綮的。

然而，文化标识总得依托于一些实物或符号载体来呈现。从这个旨意出发，我们囿于才学局限，抑或“投机取巧”，不再刻意追求文字和意境凝练，斟酌再三之后，另辟蹊径，列举了七种既可具象又能体现楚文化内涵的“物件”，希望以小见大，一叶知秋。这七种可具象的“物件”，有的曾被称为楚文化的精神图腾，有的是历史上轰动一时的巨宝，有的是半个世纪以来出土的珍贵国宝，有的则是大型宫殿遗存，它们无疑都是楚国历史文化美善的代表、文化精神的象征。透过这些“物件”，我们既能体察楚文化的丰富内涵，以此彰显荆楚文化的博大精深，也能管窥荆楚文化与中华文化的相互影响，以此传承荆楚人民乃至中华儿女极其宝贵的精神财富。

习近平总书记指出：“中华优秀传统文化是中华民族的文化根脉，其蕴含的思想观念、人文精神、道德规范，不仅是我们中国人思想和精神的内核，对解决人类问题也有重要价值。要把优秀传统文化的精神标识提炼出来、展示出来，把优秀传统文化中具有当代价值、世界意义的文化精髓提炼出来、展示出来。”[①] 中华民族血脉代代相传，荆楚文化的根脉亦生生不息。凝聚着民族精神的文化标识，必将感召一代又一代荆楚儿女乃至中华儿女砥砺奋进、一往无前！

祝愿荆楚文化更加发扬光大，祝愿中华民族更加巍峨地屹立于世界民族之林，祝愿世界人民携手共建人类命运共同体，祝愿世界更加和谐、幸福和安宁！

①习近平：《自觉承担起新形势下宣传思想工作的使命任务》，《论党的宣传思想工作》，中央文献出版社2020年版，第342页。

楚　风

楚　乐

壹　贰　叁　肆

楚　玉

楚　金

目 录

伍 楚漆器

陆 楚建筑

柒 楚典籍

楚　凤

习近平总书记指出，“博大精深的中华文明是中华民族独特的精神标识”[1]。荆楚凤文化作为中华文明的重要组成部分，同样源远流长、意蕴丰厚。今天，人们以凤鸣荆楚、凤舞神州来诠释湖北精神，书写湖北魅力，歌咏追求卓越的湖北人民，又赋予了凤文化鲜活的生命力。深入挖掘荆楚凤文化的源与流，阐释荆楚凤文化的独特魅力，古为今用，打造具创新性的荆楚凤文化标识，是与其他优秀文化一起构筑中国精神、中国价值、中国力量，提升中华文明影响力的一项重要举措。

一、楚凤与中华文化

凤与龙都是中华文明的象征。从迄今为止考古发现的凤鸟图像来看，中国凤文化的历史已有七八千年了，当然，历史悠久只是文明象征的必备因素之一，结合文献、考古资料与民俗，深入思考为什么凤凰[2]能成为中华文明的象征之一才是凤文化研究的重中之重。对此，以下四点应该是核心因素。

① 习近平：《在中国文联十一大、中国作协十大开幕式上的讲话》，人民出版社2021年版，第11页。

② 凤凰即凤鸟，古代传说中的百鸟之王，常用来象征祥瑞，雄的叫凤，雌的叫凰。

其一，凤鸟在中华早期文明中发挥着重要作用。凤崇拜观念的起源，具有多元性和兼容性。从神话传说中的“太阳鸟”崇拜、华夏古帝的鸟（凤）神兼日神形象信仰，到考古发现中的鸟（日）崇拜，凤凰始终与至上神结缘，凤凰崇拜观念源于自然崇拜、图腾崇拜、祖先崇拜与生殖崇拜的融合，源于原始宗教与政治宗教的融合，源于神性、德性与权力、秩序的融合。正是以上诸方面融合，促成了凤凰崇拜观念的产生。而导致凤凰崇拜观念产生的这些因素，也决定并呈现了凤凰在中华早期文明中的重要地位与作用。

其二，“器以藏礼”，凤纹器物一直是中华礼仪、礼制、礼俗中的核心标识。中国是礼仪之邦，《左传·僖公十一年》记：“礼，国之干也。”应该说，礼仪、礼制、礼俗文化贯串整个中华文明史，也是中华文明史的核心与主干。纵向来看，一系列考古发现与文献记载都呈现了凤凰在从原始时期沟通天人关系的祭祀礼仪、商周国家祭祀礼仪、楚汉丧葬礼俗，到汉及汉以后的皇家舆服礼制等礼仪、礼制中都发挥着重要作用，其象征意义迎合了各个时代的主体需求。

到了当代，凤凰形象被选为尊贵的国礼纹饰。2014年索契冬奥会开幕式期间，习近平主席将一件景泰蓝作品《一帆风顺》作为礼物赠给俄罗斯总统普京，这件作品以龙为船身、凤翅为帆，寓意乘风破浪、激流勇进。2015年习近平主席在纽约出席中国向联合国赠送“和平尊”仪式，“和平尊”两侧的象首、凤鸟寓意天下太平、人民安康。

其三，王权时代，凤鸟一直是权力的象征与政治工具。以商周为例，商代的至上神为帝，殷商甲骨卜辞记载凤凰为“帝史”；周朝以天为至上神，文献记载凤凰为“天使”鸣于岐山，喻示周族兴起。凤凰与神灵、祖灵相伴或共身，与权力结缘，是从原始社会到商周一脉相承的。铸造在商周青铜礼器上的神话图像不仅仅是一种装饰性的符号，还有着非常重要的现实功能，那就是沟通天地。商周艺术中的动物是巫觋沟通天地的主要媒介，对带有动物纹样（凤鸟纹为主要纹饰之一）的青铜礼器的占有就意味着对沟通天地

和平尊(图片来源:视觉中国)

2015年9月27日,为纪念联合国成立70周年,中国向联合国赠送一座“和平尊”

手段的占有,也就意味着对知识和权力的控制。[1]汉代一统天下后,龙为皇帝的象征,凤为皇后的象征,宋代开始皇后戴凤冠,昭示女性的至尊地位。

其四,汉唐以后,凤凰作为吉祥符号逐渐在民间落地生根,承载了深刻、厚重的民族情感。汉唐及以后,凤凰在民俗、装饰、诗歌、传说等方面普遍存在,凤文化在民间繁荣发展,尤其是凤纹装饰艺术丰富多彩,尽管如元、明等朝代制定了针对民间使用凤纹饰的禁止、限令法规,但凤凰作为代表性的吉祥符号,早已赢得了民众的尊崇与喜爱,承载着深固的民族情感。

(一)楚先祖与凤凰结缘的历史追溯

《说文》记载,凤出于东方君子之国,东夷族信奉鸟崇拜,也是凤鸟的故乡。少皞是古代东夷族的祖先神。《左传·昭公十七年》记"郯子来朝",郯子是春秋时期郯国的国君,少皞的后裔,《左传》记载他追述少皞时以鸟名官的情况:"我高祖少皞挚之立也,凤鸟适至,故纪于鸟,为鸟师而鸟名。凤鸟氏,历正也;玄鸟氏,司分者也;伯赵氏,司至者也。……"

楚人的先民曾依附于崇奉高辛的强大的东夷部落联盟。传说祝融曾为高辛的火正,高辛即为帝喾、帝舜、帝俊(夋)。帝夋的"夋",就是鸟的象形。此外,帝喾崇凤,在文献中也可以找到一些证明。如《吕氏春秋·古乐》记:"帝喾命咸黑作为声……乃令人抃,或鼓鼙,击钟磬,吹苓,展管篪。因令凤鸟、天翟舞之。"又《山海经·大荒东经》说:"有五采之鸟相向弃沙,惟帝俊下友。帝下两坛,采鸟是司。"采鸟即五采之鸟,其有三名,一曰皇鸟,一曰鸾鸟,一曰凤鸟。此处是说帝俊的神坛由凤凰鸾鸟之属主司。由此可以得出结论,凤凰为楚人始祖祝融的化身。《白虎通·五行》说,南方之神祝融,"其精为鸟,离为鸾"。鸾为凤鸟之属。古代凤与风相通,风的起源与物候历法不无联系,而祝融以观象授时为职,那么"在这方面很早就显现出特殊才干的

① [美]张光直:《美术、神话与祭祀》,郭净译,生活·读书·新知三联书店2013年版,第73页。

楚民族，对候鸟的亲昵与崇敬之情就应当是可以理解的了”[①]。或许可以说，原始农业使祝融与凤鸟之间建立了密切的联系。

楚人的先民祝融部落集团也曾经依附于商朝，自然受到商文化的浸润。商族也是崇凤之族，《诗经·商颂·玄鸟》记：“天命玄鸟，降而生商。”玄鸟为凤鸟之属。商代甲骨文中有这样两条辞例，“……于帝使凤，二犬……”（甲骨文合集14225）；“贞。翌癸卯，帝其令凤”（甲骨文合集672正）。第一条讲的是用两只犬祭祀凤；第二条讲的是壬寅这一天贞卜，第二天天帝命令凤。两条辞例中凤的身份都是天帝的使者。殷墟妇好墓曾出土一件精美的玉立凤，身形修长，仪态高贵。

楚人的先祖鬻熊曾“子事文王”。周代既崇龙，也视凤凰为神鸟。相传周文王时，有凤凰显瑞。《国语·周语》：“周之兴也，鸑鷟鸣于岐山。”韦昭注：“三君曰：鸑鷟，凤之别名也。《诗》云：‘凤凰鸣矣，于彼高冈。’其在岐山之脊乎？”《墨子·非攻》记此事云：“赤鸟衔珪，降周之岐社。”凤鸟的降临，成了国家兴盛、太平的征兆。楚祖鬻熊曾“子事文王”，到周成王时，熊绎被封在“楚蛮”，成为楚国的始封之君，从此楚国以此为号。

南方的凤鸟最多，楚地尤为密集。《山海经·南山经》记载，“南禺之山，有凤皇鹓雏”；“丹穴之山……有鸟焉，其状如鸡，五采而文，名曰凤皇”。《庄子·秋水》云：“南方有鸟，其名为鹓雏。”焦氏《易林》云：“凤生五雏，长于南郭。”所谓南禺之山、丹穴之山、南方、南郭，皆在中原之南，与楚的方位相合。

对此，著名楚学专家张正明先生认为：“在凤纹的造型上，楚人远承殷人，近袭周人，并不是无师自通的。”[②]可以说，楚凤是楚国先民及相关部落崇凤情结的混融和升华。

（二）考古发现中的楚凤

从考古资料可以看出，在楚立国之前，长江中游地区已有一脉相承的

① 皮道坚：《楚艺术史》，湖北教育出版社1995年版，第26页。

② 张正明：《楚艺术探源》，《张正明学术文集》，湖北人民出版社2007年版，第573～574页。

崇凤之俗。

1.史前楚地陶器上的“凤鸟载日”图

湖南省洪江市(原黔阳县)高庙遗址出土陶器上的“凤鸟载日”图,是迄今为止楚地最古老的凤鸟图案。“高庙文化遗存的部分陶器上装饰有戳印蓖点纹连缀而成的各种复杂图像,制作技艺精湛,构思诡谲。……这些图像中的獠牙兽面附有双翅;飞鸟则头戴羽冠,双翅载托太阳或八角星翱翔中天。这类带翅的獠牙兽和载着太阳飞翔的鸟,显然是此地原始部落奉祀的超自然神灵。这类图像在高庙文化的鼎盛期(距今7400—7100年)最为发达。根据此期遗存中陶器的基本特征,推定其年代距今7800年

“凤鸟载日”陶器

中国上古神话中有“日载于乌”的记述,高庙遗址出土陶器上的“凤鸟载日”图与之相映生辉

左右。”[1]年代稍晚的长沙南托遗址，出土了一批纹饰精美的陶器。在诸多纹饰中，鸟纹最具特色，有或具象或抽象的凤鸟纹。[2]

2.史前楚地玉凤

江汉石家河文化遗址中，陶塑动物蔚为奇观，其中陶鸟占了大部分，堪称楚地凤鸟雕塑的雏形。此外，石家河文化遗址中还分别出土了精美的环形玉雕凤（罗家柏岭玉团凤）、佩形玉雕凤（孙家岗玉凤）。

3.楚国凤凰

楚国的出土文物中，有凤图像或纹样的数不胜数。它们广见于各种漆器、青铜器、玉器及丝织品上。

凤纹丝绸。如果参观荆州博物馆，馆藏的精美楚国丝绸会让人流连忘返。在这些丝织品的纹样中，凤纹是无可争议的主角。有飞翔的、奔跑的、追逐嬉戏的凤；有昂首鸣叫、意气风发的凤；有回首张望、顾盼生姿的凤；有践蛇而舞的凤……宛然自由生命的象征。这些凤鸟纹，多呈现酣歌恒舞之态。有的凤鸟不仅簪花配草，还做出饮露餐华的情状，不由让人想起屈原《离骚》中的诗句，“扈江离与辟芷兮，纫秋兰以为佩”，“朝饮木兰之坠露兮，夕餐秋菊之落英”。

凤形漆器。奇特精美的木胎漆绘虎座凤鸟架鼓、虎座立凤雕像，多出土于湖北江陵一带。凤鸟身形高大，昂首张喙，雄姿英发。虎身形矮小，恭顺地俯伏在凤的一双健足之下。楚学专家张正明先生这样赞誉：集壮、美、奇于一身，令观者神旺！

凤鸟莲花豆。出土于荆州天星观2号楚墓，现藏于荆州博物馆。以黑漆作为底色，用红色、黄色彩绘，莲花共有14个花瓣，沿着莲花花瓣绘制有二方连续的变形凤纹与卷云纹样相配。莲花与张嘴后仰的凤鸟相衔接，凤鸟身上绘饰有龙纹凤纹相蟠，凤鸟前胸饰以金色蟾蜍，器物通体彩绘，疏密有致。

---

① 湖南省文物考古研究所：《湖南洪江市高庙新石器时代遗址》，《考古》2006年第7期。

② 黄纲正：《长沙南托遗址陶器鸟纹饰及其有关问题》，《长江文化论集》第一辑，湖北教育出版社1995年版。

凤鸟莲花豆(湖北省博物馆　供图)

天星观2号楚墓出土。此器物结合浮雕、圆雕、透雕三种技法,莲花豆盘、凤鸟柄、蛇形豆座造型精巧,动感十足,独一无二,现藏于荆州博物馆

凤鸟双连杯。1986年包山2号楚墓出土了一件华贵富丽的凤鸟双连杯,是用于婚姻的合卺礼器。其造型为一展翅的凤鸟,双翅负双杯,两杯有孔相通。两杯连体相通,表达着人们对婚姻所寄予的荣辱与共、不离不弃、相近相亲、心心相印的美好心愿。

凤纹帛画。长沙陈家大山战国楚墓出土的《人物龙凤帛画》上,一妇人侧身而立,双手合掌,其上方画一只展翅飞舞的凤和一条蜿蜒向上升腾的龙。专家考证,此画的妇女形象即是墓主人,作品表现的是龙凤引导死者即墓主人灵魂升天。

凤纹漆棺。在一些楚贵族的墓葬里,漆棺上多彩绘有凤纹,均取意于凤引魂升天的神通。

彩绘凤鸟双连杯(湖北省博物馆　供图)

此凤鸟双连杯器长17.6厘米、宽14厘米、高9.2厘米,杯底处有一根细竹管将两杯连通

《人物龙凤帛画》

该帛画长31.2厘米、宽23.2厘米，1949年长沙战国楚墓出土，是我国发现时代最早、保存最完整的人物肖像画之一。现藏于湖南博物院

二、楚凤文化的亮点

（一）屈原的凤凰情结

屈原在辞赋中多次写到凤，并以鸾凤自比，而把谗佞小人斥之为鸡鹜燕雀。凤在屈原辞赋中共出现了十四次，其中作为真善美的化身出现六次，作为通天的灵鸟出现七次。[①]作为真善美的化身出现的六次："鸾鸟凤皇，日以远兮。燕雀乌鹊，巢堂坛兮"（《涉江》）；"凤皇在笯兮，鸡鹜翔舞"（《怀沙》）；"雌霓便娟以增挠兮，鸾鸟轩翥而翔飞"（《远游》）；"孔雀盈园，畜鸾皇只"（《大招》）；"魂乎归徕，凤皇翔只"（《大招》）。其中见于《涉江》（"鸾鸟""凤皇"）和《怀沙》（"凤皇"）的三次，显然是借喻忠良贤能之士。作为通天的灵鸟出现的七次："驷玉虬以乘鹥兮，溘埃风余上征"（《离骚》）；"鸾皇为余先戒兮，雷师告余以未具"（《离骚》）；"吾令凤鸟飞腾兮，继之以日夜"（《离骚》）；"扬云霓之晻蔼兮，鸣玉鸾之啾啾"（《离骚》）（关于玉鸾，或以为是形如凤的玉铃，或以为"玉"，"鸾"是二物，比照上引"驷玉虬以乘鹥兮"中的"玉虬"，"玉鸾"可以理解为其色如玉的凤）；"凤皇翼其承旗兮，高翱翔之翼翼"（《离骚》）；"凤皇翼其承旗兮，遇蓐收乎西皇"（《远游》）；"祝融戒而还衡兮，腾告鸾鸟迎宓妃"（《远游》）。还有一例比较特别，即"凤皇既受诒兮，恐高辛之先我"（《离骚》）。

屈原在辞赋中多次以凤自喻，楚凤被人格化，楚凤所具有的美好精神意象，无不是屈原所追求与认可的，楚凤的形象堪称屈原精神人格的传神写照。在江陵马山1号楚墓出土的丝绣上，可以看到楚凤簪花佩草，而屈原以香花美草做佩饰；楚凤饮露餐华，屈原自言"朝饮木兰之坠露兮，夕餐秋菊之落英"；楚凤能与龙虎蛇相搏斗，屈原有不与世俗同流合污的抗争精

① 张正明：《屈原赋的民族学考察》，《民族研究》1986年第2期。

神；楚凤"见则天下安宁"，屈原有强大楚国的美政理想。可以说，屈原以凤自喻，借助楚凤表达了自己志存高洁、不与世俗同污的意志，反映了其为追求理想虽"九死其犹未悔"的抗争精神。

屈原之后，许多楚辞作家沿袭了这一基本模式。如宋玉的《九辩》中，也反复以鸾凤喻贤者失时，被凡禽所喻指的奸险之人所排挤："凫雁皆唼夫粱藻兮，凤愈飘翔而高举。""众鸟皆有所登栖兮，凤独遑遑而无所集。"贾谊也在《吊屈原赋》里写到，"鸾凤伏窜兮，鸱枭翱翔"，为信而见疑、忠而被谤的屈原鸣不平。

屈原在《离骚》中塑造了有助于诗人主体"飞天漫游"的"神"意象，其中比较重要的一类便是凤凰。《离骚》中的神游描写："驷玉虬以乘鹥兮，溘埃风余上征。"鹥为凤凰之属。"前望舒使先驱兮，后飞廉使奔属。鸾皇为余先戒兮，雷师告余以未具。吾令凤鸟飞腾兮，继之以日夜。""凤皇翼其承旂兮，高翱翔之翼翼。"再看《远游》中的神游："凤凰翼其承旗兮，遇蓐收而西皇"。可以说，楚凤承载着诗人在苦闷与挣扎中欲求超脱的精神追求。

（二）楚凤的文化艺术特征

丹纳《艺术哲学》说："要了解一件艺术品，一个艺术家，一群艺术家，必须正确地设想他们所属的时代的精神和风俗概况。这是艺术品最后的解释，也是决定一切的基本原因。"① 楚凤的时代价值，在于充分体现了楚地域特征与楚民族特征。

1.酣歌恒舞，自由奔放

楚凤的显著特征是能歌善舞，《山海经·南山经》云："凤鸟……饮食自然，自歌自舞。"同书在《海外西经》《大荒南经》《大荒西经》《海内经》中五次写道："鸾鸟自歌，凤鸟自舞。""鸾"与"凤"，"歌"与"舞"，都是互文。楚凤的形象，无论是图像还是雕塑，多富于动态，而且是一种无拘无束、自由奔放

① [法]丹纳：《艺术哲学》，傅雷译，巴蜀书社2018年版，第7页。

的动态。黑格尔说:“艺术也可以说是要把每一个形象的看得见的外表上的每一点都化成眼睛或灵魂的居所,使它把心灵显现出来。”[1]自由奔放的楚凤实质是楚人心灵情感的写意。楚凤自由奔放的形象,正寄托着楚人渴望通神、达天的意识,寄托着楚人对深邃邈远的未知空间的向往与好奇。

巫、舞同源,歌舞是巫通鬼降神的主要表演仪式。《尚书·伊训》:“敢有恒舞于宫、酣歌于室,时谓巫风。”王逸《楚辞章句》卷二云,楚俗“信鬼而好祀,其祠必作歌乐鼓舞以乐诸神”。“屈原的《九歌》,描写了民间祀神的情景,散发出馥郁的南楚乡土气息。祀神的仪式,从头到尾,都是在乐队的伴奏下载歌载舞。当年的楚国,每逢佳节盛典,从城市到乡村,乐舞竞作,气氛的热烈是可想而知的。”[2]考古出土的楚凤造型,尽管千姿百态,但一个共同的显著特点便是酣歌恒舞之态跃然。常常是一足立地,一足腾空,身形婉转,昂首张喙,歌舞之态淋漓尽致。

2.簪花佩草,饮露餐华

荆楚大地奇花异草遍布,黄伯思《新校〈楚辞〉序》云:“兰、茝、荃、药、蕙、若、蘋、蘅者,皆楚物也。”楚先民认为万物有灵,各种香花美草为精灵所化,那么佩饰这些香花美草来祭祀神灵能使自身具有神奇的力量。亲神与娱神的巫仪中,香草是必备之物。《九歌》中,降神之巫穿上鲜艳的服装,佩戴各种香花美草,在五音繁会的乐声中,正式开始降神和娱神的活动。此外,楚人还好以香草来装饰祭坛,以与鬼神相联系。如屈原在《少司命》中描写祭坛的布置:“秋兰兮蘼芜,罗生兮堂下。绿叶兮素枝,芳菲菲兮袭予。”在巫术的世界中,巫者上天交通鬼神之前对饮食的要求也非同一般。《九歌》中的东皇太一喝的是桂酒,饮的是椒浆,而屈原饮的是坠露,吃的是落英,殊可见出与神的相同之处。鉴于花草在巫术中的特殊意义,楚人以香花美草饰凤,或干脆让花卉成为凤的组成部分,当不仅是为了增益其美,更是赋

①[德]黑格尔:《美学》(第1卷),朱光潜译,商务印书馆1979年版,第198页。

②张正明:《楚文化史》,上海人民出版社1987年版,第271～272页。

予凤汇天地之英华的灵性。不仅如此，楚人丝绣上的花卉凤鸟纹，华美的花冠垂至凤首前端，凤引颈张喙，如饮甘露，如餐落英。

3.“五采而文”，惊采绝艳

楚人在色彩使用上，自成特色。楚人对斑驳浓丽的色彩效果有一种狂热而执着的追求。如楚人在青铜器上施加彩绘，错彩镂金以追求丰富的色彩效果。楚漆器在红黑二色的基调上敷陈杂彩，追求一种惊采绝艳的装饰效果，以区别于北方艺术的庄重、素朴和典雅。楚人对于艳丽繁复、色彩缤纷的生活世界与艺术境界的追求，春秋中晚期也已有明显表现。[①]五色是春秋战国时的“流行色”，楚人“以一种文化自尊者的心态，将五色加以创造性阐发和运用，其中不仅保留有五色观中时空体悟的特征，而且还孑遗有原始崇拜的尚赤基因，同时还注入了巫文化重感官享乐的狂欢因子”[②]。

楚凤的美在《山海经》中得到了充分渲染，其典型的特征是“五采文”，如《南山经》云：“丹穴之山，其上多金玉……有鸟焉，其状如鸡，五采而文，名曰凤皇。”同书《西山经》云：“有鸟焉，其状如翟，而五采文，名曰鸾鸟。”同书《大荒西经》云：“有五采鸟三名，一曰皇鸟，一曰鸾鸟，一曰凤鸟。”

如果说，文献记载的楚凤之美需要人们去发挥想象力，那么考古出土的楚凤则直观地向人们展示了其令人惊艳的外形。江陵马山1号楚墓出土的丝绣上，绣有众多形态各异的凤纹。其绣线颜色非常丰富，有棕、红棕、深棕、深红、朱红、橘红、浅黄、金黄、土黄、黄绿、绿黄、钴兰十二种之多。丝绣上的凤鸟不仅体态婀娜健美，而且艳丽繁复令人眼花缭乱。楚墓出土的虎座凤鸟架鼓，凤通体髹黑漆，用红、黄、金三色绘鸟羽纹，或用红、黄、蓝粉彩绘鸟羽纹。再看看荆门包山2号楚墓出土的一件凤鸟双连杯，“杯外以黑漆为地，用红、黄、金三色彩绘，凤喙衔珠上绘六个红、黄相套的圆圈纹，凤身、

① 皮道坚：《楚艺术史》，湖北教育出版社1995年版，第93页。

② 王祖龙：《楚美术的色彩取向与色彩观念》，《三峡大学学报（人文社会科学版）》2009年第5期。

虎座凤鸟架鼓(湖北省博物馆　供图)

虎座凤鸟架鼓是楚国的重要乐器种类,由双虎、双凤、扁鼓组成,通体髹黑漆,饰有红、黄等多色彩绘

尾、足绘羽纹……"[①]。

4.刚柔并济

在甲骨文中,"风""凤"相通,因古人认为凤鼓翼而生风,风是凤带来的。《荀子·解蔽》引逸诗描述凤凰"其翼若干"。《说文》曰:"凤,神鸟也……出于东方君子之国,翱翔四海之外,过昆仑,饮砥柱,濯羽弱水,莫宿风穴,

① 高志喜:《楚文物图典》,湖北教育出版社2000年版,第307页。

见则天下安宁。”可见古代的凤鸟有一种俯瞰天地、大气磅礴的力量之美。楚凤的特点在于完美地融合了力与美，它不止有“五采而文”“自歌自舞”的柔美，还有着出人意表的强悍。《山海经·海内西经》曰：“开明西有凤鸟、鸾鸟，皆戴蛇践蛇，膺有赤蛇。”

与文献中凤鸟的神勇相印证，马山1号楚墓出土的丝绣上绣有多幅舞凤逐龙、凤与龙虎相缠相搏及凤鸟践蛇的纹样，所绣的凤都极尽婉柔之姿，但又尖喙大张，圆目瞠鼓，劲足踢腾，颇具神勇。不仅如此，呈歌舞之态的凤也是柔美的外表中蕴含着矫健和英武。有一幅飞凤纹绣，凤曲卷的长冠、奋展的双翼、锐利的尖爪，都颇显雄风；花草状的巨型长尾，铺展在体后，使得凤身形庞大，大有遮天蔽日、遨游四海的气势。楚凤的刚柔并济，不同于其他任何时代及地区的凤：其刚性，来自于凤凰的原始属性，来自于楚人坚强不屈的精神；其柔美，来自于道家贵阴尚柔的哲学，来自于巫风熏陶下的狂歌醉舞。

5.通天达神

原始人对于巫术的信仰深深根植于人神合一的信念之中，相信巫师能沟通天地。巫是人神相通的媒介，是人神之间的传言者。人们对神灵有所祈求，往往通过巫来传达。巫觋在降陟神灵时需要借助一定的工具和手段。根据张光直研究，巫师通神的工具有山、树、鸟、动物、法器、酒与药物等，手段有占卜、仪式、饮食乐舞等。

楚凤是满足楚人通天达神、引魂升天幻想的重要媒介。楚凤引魂升天的神通，典型表现在长沙陈家大山楚墓出土的《人物龙凤帛画》上，画面展示凤飞翩翩，导引亡魂升入理想的天界。另外，楚墓出土的虎座立凤雕像，亦彰显着凤凰引魂升天的神性，其造型为昂首展翅的凤鸟立于俯伏的虎背之上。有的凤背上插着一对张扬舒放的鹿角。[1]鹿是瑞兽，是传说中运载仙人飞天的仙兽之一。汉代庄忌的《哀时命》中有：“浮云雾而入冥兮，骑白鹿

① 高志喜：《楚文物图典》，湖北教育出版社2000年版，第324-325、307、336页。

而容与。”楚人将鹿角插在凤身上，乃是增益凤凰引魂升天的神通。如果从阴阳的角度看，凤与虎的这种搭配，或可认为是增强凤凰引魂升天的这一神通。“根据古人以鸟招魂的习俗……通过阴阳交合而使灵魂超生，然后引导灵魂升天。在《抱朴子》中记载了一种禁虎法，即在面临老虎威胁的时候存思自己是朱鸟、上长三丈而站立在虎头上，以阳气而闭阴气。这些情况，都可以追溯到古老的把凤鸟看作太阳鸟、认为它象征生命和阳气的观念。”[①]楚墓漆馆上彩绘的凤纹，也喻示着凤鸟能引魂升天。

（三）楚凤在中华凤文化中的地位

1.独具性灵

学者们将凤鸟视为楚文化的主要象征，一方面是因为楚文物中凤鸟的纹饰与造型多而且凸显，另一方面是它的身形、体态、气质与楚文化的精神很契合。而且，楚凤无论是与商周时期北方的凤纹相比较，还是与秦汉及其以后的凤纹相比较，都可以看出其独具性灵。从诸多的楚凤形象中，我们领略到的是轻灵飘逸、英武矫健、自由奔放、神秘奇诡、曼妙多姿、惊采绝艳等丰富美好的感觉。楚凤之前的凤纹，多端庄肃穆，缺少灵动；楚凤之后的凤纹，动感强却灵性不足；唯有楚凤可以称之为灵凤。

“灵”在楚人心目中有着丰富而美好的意蕴，屈原作品中就广用“灵”字。灵者，巫也；灵者，神也；灵者，善也，美好也。楚人视凤为灵物，楚凤既是巫的化身，又是真善美的象征，寄寓着楚人丰富的思想情感。在现实世界里，凤是楚人心目中真善美的象征，是楚民族奋发图强的精神写照；在幻想世界里，凤是先祖的遗影，是通天达神的使者，是引魂升天的媒介，是巫的化身。楚人将凤视为灵物，一个“灵”字，亦真亦幻，亦虚亦实，沟通着人间天界。[②]

2.承前启后

楚凤的形象特色鲜明，形式多样，如此的丰富、神异也说明了楚凤形象

---

① 王小盾：《四神：起源和体系形成》，上海人民出版社2008年版，第35页。

② 吴艳荣：《中国凤凰：从神坛到人间》，浙江大学出版社2014年版，第50页。

蟠龙飞凤纹绣浅黄绢面衾(图片来源:视觉中国)

1982年湖北江陵马山1号楚墓出土。由25片绣绢拼成,正中是23片蟠龙飞凤纹绣,左右各1片舞凤逐龙纹绣

是继承加创新后的成果。考古发现证明，江汉之地在楚立国之前就有崇鸟（凤）的风俗，如精美的石家河玉凤。此外，楚凤文化也承袭了高辛部落集团崇鸟的文化因子，以及商周时期的凤文化因子。例如，花草凤造型在商周时期的青铜器上已有不少，楚人将之推陈出新，让花草凤结合楚地之风，显得灵动、活泼、明艳、神异，完全有别于商与西周青铜器上的花草凤的刻板形象。又如，《左传·庄公二十二年》中记有借凤凰象征婚姻美满的婚前占卜，荆门包山楚墓出土的凤鸟双连杯，作为婚姻合卺礼仪用器，诠释了婚姻中应不离不弃、荣辱与共、繁衍后代的家庭责任，承袭并发展了西周中原文化中凤凰在婚姻礼仪中的象征意义。[①]直到明代还有类似的玉制凤鸟双连杯出现。[②]

说到启后，楚凤对汉唐凤文化影响深广。如楚墓中有祈求龙凤引导亡魂升天的帛画像，有镇墓的虎座立凤等，汉墓中更是将凤鸟、朱雀形象广泛绘刻在石墓门门扉和石棺上，充分展现凤鸟镇墓及导引升仙的场景。又如以凤喻人，可以追溯到《诗经·大雅·卷阿》："凤皇于飞，翙翙其羽，亦集爰止。蔼蔼王多吉士，维君子使，媚于天子。"这是以凤凰比拟能辅佐君王的贤人。屈原《楚辞》中则多次以凤喻人或以凤自喻，将凤凰人格化，比喻贤德之人。后世多有类同者，典型的如唐代的李白、杜甫，他们在诗歌中广泛借用凤凰自喻或喻人，从不同的文化视角抒发个人自况与时事感怀，极大地丰富了凤文化诗歌艺术。

可以说，楚凤承前启后，为后世凤文化的丰富繁荣奠定了重要的基础。

三、楚凤文化在荆楚传承

（一）郧阳凤凰灯舞

《郧阳府志》记载："正月十五为上元节，通街张棚结彩，火树银花，灯烛

① 吴艳荣：《凤鸟双连杯与楚人婚姻观》，《楚天主人》2013年第9期。

② 回顾：《中国图案史》，人民美术出版社2008年版，第292页，图446。

朱雀(凤鸟)镇守墓门

陕北绥德的杨孟元墓画像,墓门门扉上刻画“朱雀(凤鸟)—铺首衔环—獬豸图”

凤鸟镇守天门铜牌

此图为鎏金棺饰铜牌上的花纹。该铜牌出土于巫山县江东嘴小沟子，是巴蜀地区(尤其是三峡地区)汉墓中较有特色的一种器物，常用于装饰木棺。铜牌中心为璧纹，璧下一人，人两侧为双阙，阙间内刻“天门”榜题，两侧各有一株灵芝，上部有一只凤鸟，振羽而鸣

辉煌，火龙、凤凰、竹马、狮子，皆以竹纸装点为之……”据凤凰灯艺人们口传：郧县县城人王明德，出身书香世家，清光绪九年（1883年）癸未科进士，曾任清廷“学道”，在慈禧太后改“龙在上凤在下”为“凤在上龙在下”的时代，他家每年元宵节悬挂一盏竹篾所扎、五色彩纸裱糊的凤凰灯。有一年，他向县城一些民间玩灯艺人提议：“你们年年都是玩狮子、龙灯，能不能玩个新鲜灯、文明灯？就玩个凤凰灯嘛！”艺人们一听觉得言之有理，就以他家挂的凤凰灯为原型，放大尺寸扎制，由两人执掌，玩起了凤凰灯。此后经过代代民间艺人和文人流传加工，参考图画、戏曲、传说等不断改进，使凤凰灯表演的音乐和道具等内容由粗到细、由简到繁，逐渐形成了一种完整的、具有独特风貌的民间花灯舞蹈。[①]

郧县凤凰灯舞的道具系用精心修削的竹篾扎骨架，用皮纸、纱布、细布、彩纸和上光色纸裱糊粘贴，将头、颈、身、翅、尾、腿6个部位分别制成后再组合连接而成。一只凤从头至尾（凤颈平直伸展）长约8米，两翼张开宽约2米。表演时用2米长的竹竿操纵凤头，带动凤颈自由转向，凤身随凤颈的运动迂回，呈曲弧形有规律地运动。凤身下有操纵绳扯动双翅和凤尾缓缓闪动，栩栩如生。传统表演节目《丹凤朝阳》分“戏牡丹”“朝阳”两大情节，表演内容基本按“凤鸣、出巢、游园、寻花、戏牡丹、擦痒、理羽、打盹、朝阳、扑翅”的程序进行，最后向观众“三点头”表示致谢。

鲁传太《郧县〈凤凰灯〉撷粹》一文详细描述了《丹凤朝阳》的演出情景：在红日即出、鲜花盛开的美丽清晨，一只五彩丹凤引颈舒翼，翩翩起舞，时而翱翔于云空，时而穿绕于花丛，尽情游览新春的美景。一会儿，它发现了自己心爱的牡丹花，喜不自胜地围着牡丹愉快地嬉戏。心满意足之后，它用心地梳理起自己闪光的羽毛，然后打盹小憩。此时，旭日东升，太阳的光和热把它惊醒，它欣喜若狂地展翅飞向太阳，在太阳光升起的地方频频朝拜、盘旋而舞，最后狂喜翻飞，尽兴方休……如诗如画的神话

① 鲁传太：《郧县〈凤凰灯〉撷粹》，《世纪行》2007年第3期。

意境，典雅细腻的拟人化表演，生动形象的舞蹈语汇，配以清亮优雅的吹打乐伴奏，把象征吉祥如意的凤凰、荣华富贵的牡丹和光明幸福的太阳联系在一起，组成了一幅幅淋漓酣畅的动人画面，令观者心旷神怡，宛如置身仙境。

经过代代艺人的努力，凤凰灯舞越来越受到人们的喜爱，每年春节"踩街"游行，元宵闹花灯时会进行凤凰灯舞表演。每逢举办灯会，各种花灯节目集结游行时，常以龙、凤为首，寓意龙凤呈祥，随后排列其他花灯。旧时达官贵人们过生日，也有用凤凰灯舞来贺喜的习俗。凤凰灯舞在商贾富户表演，主家常引为荣耀，要给掌凤头者挂"银牌"（银制的装饰佩戴品），给掌凤尾、掌鼓板者赏"红包"（赏钱）。春节的舞队之中，玩凤凰灯的艺人往往最受人们的敬重。相沿至今，凤凰灯舞所到之处，人们都要燃放鞭炮热情迎送，还赠以香烟和糕点。凤凰灯舞文静古朴、赏心悦目，是喜庆欢乐、美好幸福、人寿年丰的象征。人们以各种各样的形式崇凤拜凤，其目的就在于祈福求吉，缅怀先祖，祈求人生幸福、家庭美满、社会安宁。

（二）洪湖凤舟

洪湖之滨的乘风村，有"凤凰之乡"的美誉。其独有的凤舟文化已被列入湖北省第三批省级非物质文化遗产名录。洪湖凤舟，作为一项传统习俗，在湖北洪湖地区传承了120余年，是地域民俗文化与体育完美结合的体育文化。[①]

《清俗志》记载，洪湖凤舟的出现，大约是在清光绪十四年（1888年）。是年，在新堤古镇元宵节花灯会上，有人将凤凰灯摆在了龙灯之后。此事有人奏报朝廷，慈禧太后闻讯大怒，下令斩了指挥"踩街"的州同张幼书，摘了沔阳知州陈佑勤的顶戴。此事震惊朝野，加上端午节临近，新任沔阳知州便派人赶赴新堤，召集商会头面人物，紧急磋商端午节的龙舟竞赛事宜，并提

① 卢洋：《人文视阈下洪湖凤舟活动的起源与发展》，《武汉职业技术学院学报》2011年第3期。

出新堤既有凤灯之祸，为何不可以造凤舟之福呢？头人们一听，觉得很有道理，当时就有人提议：我们就借西太后的“西”字之圣名，让西岸划“凤舟”。从此，端午节新堤西岸划“凤舟”的习俗便延续至今。据《洪湖县志》载：端午节“全境各集镇举行龙舟竞赛，唯新堤为龙、凤舟竞赛，东岸划龙舟，西岸划凤舟”。因此，洪湖新堤西岸周边的柏枝、新旗、远景、乘风、云峰、杨咀、小河等村竞相赶制凤舟，形成了东岸划龙舟、西岸划凤舟的习俗，一直沿袭至今，使现在的新堤镇成了全国独特的“凤舟”之乡。

“东龙西凤”的习俗决定了凤舟的独特造型、制作工艺及风情趣味。乘风村的凤舟造型别具一格：舟身长 28 米，棹子 28 对，凤头高 1.5 米，凤尾长近 3 米，舟头一道符（禁烟雾），斗上（舟中部）插柳枝避邪。洪湖凤舟造型美观，装扮靓丽：舟长 27.8 米，舟宽 1.4 米，舱口 31 个，挠子 27 对，上船人数 59 人，其中踩头 1 人、中舱指挥 1 人、鼓手 1 人、锣手 1 人、保艄 1 人、桡手 54 人。凤舟也不是随随便便就能下水的，洪湖凤舟“出征”一般有五个步骤：描彩、出巢、祭祀、竞赛、凤还巢。每年端午前夕，都要给凤舟舟身重新上桐油，重新描羽毛，凤头、桡子、艄、中斗等重新上色，重新制凤尾，把凤舟装扮一新。根据传统习俗，每年端午节期间，要请专人为“凤舟”举行开光祭祀仪式，为当地百姓祈福求平安。洪湖凤舟继承了荆楚地区的凤图腾崇拜，承载着建构当地凤文化认同的功能。

（三）凤纹汉绣

2015 年 6 月 25 日，以凤凰为创作题材的汉绣精品《楚凤》亮相武汉昙华林汉绣基地。汉绣市级代表性传承人王子怡的汉绣作品《凤凰来仪图》获 2015 年中国工艺美术“百花奖”金奖。

四、楚凤文化在湖北创新

湖北拥有荆楚特色鲜明的楚凤，现当代湖北创新性的凤文化标识，呼应着楚凤文化的根脉，但其表现形式并不拘泥于楚凤的古老造型，而是渗透了时代特色，表达了新时代湖北的文化追求。

2009年庆祝中华人民共和国成立60周年的阅兵式上，彩车方阵中，代表湖北的“凤舞楚天”彩车，其独特的凤凰造型和振翅欲飞的气质夺人眼目。该彩车的造型设计以红色的凤为主，以百合、牡丹、玫瑰等花朵环绕四周，凤凰展翅抬头，美丽高贵，充分显示出湖北人民积极向上的精神面貌。

2010年上海世博会上，湖北馆的创意为“江湖连通·城市公园”，紧扣上海世博会主题。设计是以水为主体的城市生态公园形象，整馆造型以古篆“水”为原形，以水流轨迹为造型主体，间以凤凰纹饰，勾勒出灵动的展示空间。凤纹饰的造型被称为“楚凤云翔”，它以现代设计手法，将凤凰展翅姿态与水的外形融为一体，水流曼妙，凤鸣惊人，湖北的文化特色跃然呈现在世人眼前。该场馆是湖北人民向世界展示湖北文化的平台。

湖北广播电视台第一代台标以“火凤凰”为设计原型。“火凤凰”蕴含着极深的楚文化内涵和地域特征，它以极其鲜明、富有动感的线条和红黄渐变的色调，生动地展示出展翅飞翔的“火凤凰”形象。其简洁、飘逸的两笔不仅代表“电视”的英文缩写“TV”，而且寓意流经湖北的长江和汉水。图形在具象与抽象间，产生新的视觉效果，传达出健康活泼、积极向上的精神。用色上以红、黄等传统色彩为主，从色彩上把凤与楚国先民的祖先火神祝融连为一体。这只“火凤凰”既展示出楚凤的灵动形象，又凸显出现代活力与生机，充分显示出湖北地区深厚的文化底蕴。

荆州市城标雕塑《金凤腾飞》。从造型手法上看，这件作品的外轮廓大多为弧线，且线条大幅度地向外伸展，塑造出的“凤”昂首挺胸，展翅欲飞，颇具动感，表现出一种极强的内在力度，一种旺盛的生命运动之美，完美地传达出深层的民族文化意识，使之成为一道富有地方文化特色的人文景观。

荆州博物馆标志。其形象是以馆内文物“虎座飞鸟”的造型作为图形元素，以朱红色作为底色，体现出楚人“尚赤”的特点，凤鸟的色彩为金黄色，与朱红色的底色相互映衬，犹如在朝阳的光辉下展翅腾飞。主标志字体采用小篆体，与楚文化时代特征保持一致。[①]

五、楚凤文化走向新时代

（一）凤文化标识熔铸时代精神

中国传统图形的发展及演变过程也反映着中国文化的发展历程，它既表达了对美的形式的追求，又融入了对真善美等价值观念的推崇。荆楚凤文化标识传扬的时代精神很丰富，主要有如下几点。

秉德。古人认为，凤凰是秉承着高尚道德的神鸟。《山海经·南山经》云：“凤皇，首文曰德，翼文曰义，背文曰礼，膺文曰仁，腹文曰信。”意即凤凰头上的羽纹象征着德，翅膀上的羽纹象征着义，背部的羽纹象征着礼，胸部的羽纹象征着仁，腹部的羽纹象征着信。“仁、义、礼、智、信”为中华民族几千年积淀下来的传统美德，它们之间相互关联、相互依存、相互支撑，共同构成了中华民族传统道德大厦的根基与支柱。[②]

尚和。在中国传统的婚姻情爱话题中，一直活跃着凤凰动人的身影，人们以凤凰来喻示婚姻美满。家庭是社会的细胞，家庭和谐可以推动社会和谐，而两性和谐又是家庭和谐的前提。凤凰既寓意着婚姻的幸福美满，也代表着两性关系的和谐，现今还有许多以凤凰命名的婚庆公司。

吉祥。在古人心目中，凤凰是真善美的化身。它是祥鸟，现则天下安宁。《山海经·南山经》云：“凤皇……见则天下安宁。”同书《西山经》云：“鸾鸟，见则天下安宁。”楚人特别钟爱凤凰，楚人崇尚的凤凰美好而富有灵性，

---

① 侯熙：《楚凤鸟纹在荆州博物馆视觉形象设计中的应用研究》，湖北美术学院硕士学位论文，2020年。

② 王传满：《和谐文化的内涵及其在构建和谐社会中的作用》，《青岛大学师范学院学报》2006年第12期。

这正是楚人追求真善美的社会风尚的体现。凤凰代表着幸福吉祥，代表着人们安居乐业的和谐社会风尚，体现出人们对美好生活的向往与追求。

重才。能歌善舞，是凤凰主要神异之一。《山海经·南山经》云："凤皇……饮食自然，自歌自舞。"能歌善舞的凤凰，在人们心目中逐渐成了多才多艺的象征，人们开始以凤凰来比喻杰出的人才。楚人喜欢以凤喻才，楚狂接舆以凤喻孔子，屈原在其辞赋中不止一次以鸾凤自比。"筑巢引凤"，"栽好梧桐树，引来凤凰栖"，"山沟里飞出金凤凰"，等等，都是我们今天常见的词句，可见以凤喻人才一直延续到今天。

求美。凤凰的造型不仅具有视觉上的美感，更传达着人们的求美意识。如刺绣、年画、雕刻、漆器、歌舞等民俗艺术中的凤凰形象不胜枚举，人们以各种形式展现凤凰的形象，同时，凤凰的美好形象不仅美化了生活，也表达着人们对美好生活的向往与追求。

自信自强。如屈原以凤自喻，寄托自己济世救民的人生理想，其自信自强的精神追求跃然而现。又如楚人以凤为祖先的化身，凤成为楚文化的象征，楚凤的矫健、昂扬、刚柔并济等形象气质俨然楚人精神的写照。楚人有"不服周"的桀骜与胆识，其底气便是来自于自信自强的民族追求。

凝聚意识。楚地有深厚的崇凤情节，诞生了凤舟、凤凰灯舞等节庆活动。凤文化的传承与创新构建了地域文化认同、民族文化认同、国家文化认同，充分体现了凤文化蕴含的凝聚意识。

（二）凤文化标识彰显荆楚风韵

荆楚文化历史悠久、内容丰富，其包含的特色文化也非常多，如炎帝神农文化、楚国历史文化、秦汉三国文化、清江巴土文化、名山古寺文化、长江三峡文化、江城武汉地方文化、近现代革命文化等，每一种特色文化中又可以分出若干类，非常庞杂，所以提炼文化标识对于弘扬荆楚特色文化意义重大。文化标识有引领性的作用，以凤文化标识为例，根据差异化的现实文化需求，其载体、造型设计可以多种多样，但不同的凤文化标识又有着共同点，那就是它们代表着荆楚文化的根与脉，代表着优秀的传统文化，弘扬着荆楚文化特色。荆楚凤文化的核心支撑是楚国历史文化，但凤文化又延伸到诸多其他文化中，或是与其他文化发生关联，如炎帝神农文化。神话传说中炎帝是日神，而凤鸟与日神之间的关系深厚密切。又如清江巴土文化中，西兰卡普上也会织有凤鸟纹。所以不同的凤文化标识，有它着意要表现的文化内容，但都能借助鲜明、醒目的凤鸟造型，让观者领略到荆楚文化的特色、魅力与深厚底蕴。

（三）凤文化标识引领社会需求

现代标识设计按功能目的主要分为三种：各种团体、组织机构的专业化、社会化的标识，如图徽以及演出、展览、运动会等标识；公共标识，如交通标识、质量标识、安全标识、场所标识等；应用最广的企业及商品标识。[①]凤文化标识的创新性应用可以广泛存在于很多领域，如商业品牌标识、地理标识、文化展览的主题标识、节庆景观标识、服饰主题标识、主题公园标识等。即围绕相关主题需求，借助凤鸟深厚的文化内涵来突出某一理念，设计出别具风采的凤文化标识，引领人们的审美，增强文化认同感。

① 刘晓山：《论凤鸟纹在标志设计中的应用》，延边大学硕士学位论文，2017年。

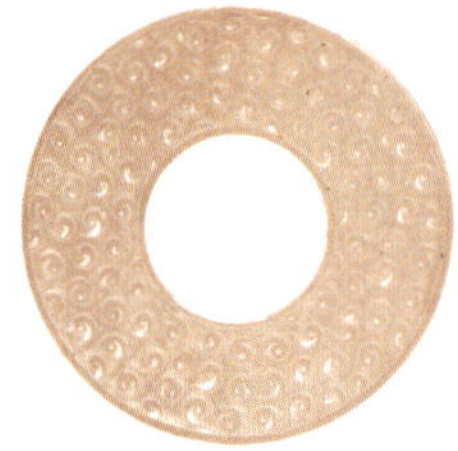

楚 玉

一、楚玉与中华文化

玉，是矿石的一种，因此也被称为玉石，其质地细密、坚硬，温润而有光泽，略透明，自古以来即受到人们的喜爱，常被用于制造各种器物。现代的玉具有矿物学定义，但在中国古代，玉为“石之美者”，即美石为玉。著名考古学家夏鼐先生明确指出：“‘玉’在中国古代文献中是指一切温润而有光泽的美石。”[①]

作为石中精华，玉不仅具有光洁、温润、坚固等物理属性，而且在中华文化中被赋予了深刻的文化内涵。史前时代，玉器因其审美性得到关注，原始崇拜的发展让玉器被赋予了宗教内涵。西周时期玉器与政治、礼制密切结合。春秋以后，随着宗教的式微，人文理性的发展，玉器的宗教、政治内涵演变为道德内涵，玉的特性与社会道德联系起来，古人常用“君子比德于玉”“古之君子必佩玉”来形容人的道德品格。东汉许慎《说文解字》释玉：“玉，石之美。有五德。润泽以温，仁之方也；思理自外，可以知

① 夏鼐：《有关安阳殷墟玉器的几个问题》，《夏鼐文集（中）》，社会科学文献出版社2000年版，第35页。

中，义之方也；其声舒扬，专以远闻，智之方也；不桡而折，勇之方也；锐廉而不技，洁之方也。”[①] 因此在中华文化中玉器不仅是一种器物，更是一种灵魂之石，人们常用玉来比喻和形容一切美好的人或事物。清俞樾《群经平议·尔雅二》云：“古人之词，凡所美者则以玉言之。《尚书》之玉食，《礼记》之玉女，《仪礼》之玉锦，皆是也。”[②] 入秦之后，玉器又成为最高政治权力的象征。卫宏曰：“秦以前，民皆以金玉为印，龙虎钮，唯其所好。秦以来，天子独以印称玺，又独以玉，群臣莫敢用。”[③] 故《说文》有云：“玺，王者之印也。”[④]秦传国玉玺更是成为历代王朝政治合法性的体现，在中国古代政治文化中具有无上的象征意义。故“玉”在中国古代文明中具有特殊地位，对玉器的爱好，是中华文化的重要特色之一，是中国特有的、重要的历史文化现象。

中国玉器不但历史悠久，而且影响深远；不但具有精湛的工艺价值，而且具有深刻的文化内涵。玉对中华民族的观念习俗、典章制度、文学艺术等有极大影响，在中国历史中玉及玉器扮演着重要角色。千百年来，玉的质地、形状和颜色一直启发着雕刻家、画家和诗人们的灵感，深刻影响了中国人的思想、文化与生活。玉器所代表、反映与象征的是中国物质文化与精神文化的大貌，并具有广博、精深和含蓄的文化特性。与玉器相关的思想、文化、制度等，构成中国独特的玉文化，成为中华民族文化宝库中的一项重要内容。

楚国玉器在中国玉文化中占有特殊的地位，和氏璧是最著名的楚国玉器，成为中国文化的重要象征，具有极为深远的影响。“卞和献玉”与“完璧归赵”的故事几乎家喻户晓，和氏璧的传奇经历，使其与中国历史

① (汉)许慎：《说文解字》，中华书局1963年版，第10页。

② (清)俞樾：《俞樾全集》第二册《群经平议(下)》卷三十五《尔雅二》，浙江古籍出版社2018年版，第1035、1036页。

③ (汉)司马迁：《史记》卷六《秦始皇本纪》裴骃《集解》引，中华书局1959年版，第228页。

④ (汉)许慎：《说文解字》，中华书局1963年版，第287页。

文化紧密相连,是忠诚、勇敢、坚贞、智慧等优秀品质的象征。秦始皇统一六国后制传国玉玺,天下无双的宝玉——和氏璧又与秦传国玉玺产生了联系,成了中国政治、文化、思想上的重要象征物。

二、中华玉文化

随着生产力的提高和石器精加工技术的出现,古人逐渐将一些色泽艳丽、质地坚韧的石料挑选出来并用于制作重要器物,最早的玉器应是作为装饰品出现。新石器时代人类的精神世界不断丰富,原始宗教出现并得到长期发展,玉器也被用于原始宗教之中,成为沟通天地、神灵、祖先的宗教法器,从一种单纯的器物演变成为具有精神内涵的器物。玉器早在史前时期就作为沟通神灵的媒介而存在,随着时代的发展,玉器被广泛应用于社会的各个方面,其功能也逐渐增多,其文化内涵也得到进一步的演化和丰富。

(一)玉与早期宗教

早期文明的发展必然是和宗教紧密相关的。上古时期,人类知识起源时,原始人类面对自然感到茫然和恐惧,认为冥冥之中有神灵在主宰万物,由此产生了沟通和祭拜神灵的需要,形成了早期宗教。随着宗教意识发展,必然会出现相应的、专用于宗教的器物,即宗教法器。玉器因其贵重、美丽,是最早的专用宗教法器之一。

1.中国早期玉器

我国最早的玉器出土于内蒙古敖汉旗兴隆洼聚落遗址和辽宁阜新县查海遗址[①],距今已有8000年历史,两遗址出土的玉器均为装饰品和

① 中国社会科学院考古研究所内蒙古工作队:《内蒙古敖汉旗兴隆洼聚落遗址1992年发掘简报》,《考古》1997年第1期;辽宁省文物考古研究所:《辽宁阜新县查海遗址1987~1990年三次发掘》,《文物》1994年第11期。

实用工具。距今7000年的浙江余姚河姆渡遗址中，出土有20余件用粗玉、萤石制成的器物，器形都是用作佩带装饰的璜、玦、珠、管等。[①] 这说明在新石器时代早中期，早期玉器的第一功能是装饰和实用，且为社会地位较高者所使用。但新石器时代晚期，随着人类文明的进步，早期宗教有了长足的发展，玉和专职的宗教神职人员——“巫觋”之间发生了紧密联系，成为宗教法器，在宗教礼仪中具有重要的用途，从而被赋予了神秘的力量。

距今6000—4000年，在辽河流域的红山文化、长江下游的良渚文化，以及黄河流域的大汶口文化、龙山文化遗址中，出现了大量明显与宗教祭祀有密切关系的玉器。这也是中国玉器发展的第一个高峰。

辽河流域的红山文化墓葬中常发现有玉器随葬，常见的玉器的有珠、璜、璧等佩饰，此外成组的鸟兽形玉的出现是其重要特点。内蒙古三星他拉村红山文化遗址中出土了一件大型碧玉龙，内蒙古赤峰市巴林左旗发现了一件兽形玉雕。辽宁凌源市三官甸子城子山遗址2号墓，位于墓地的中心，有考究的石棺，随葬有勾纹玉饰、马蹄形玉箍饰、竹节状玉饰、玉钺、玉环、玉鸟等。[②] 辽宁牛河梁红山文化女神庙和积石冢中，也发现有大量的玉器，其中，2号积石冢的墓葬内出土有箍形玉器、勾云形玉饰、玉环、玉璧等，4号墓出有猪龙形玉饰。[③] 这些玉器有相当一部分明显与原始宗教有关，有一部分可能具有双重意义，既是装饰品，同时也是古人宗教活动的产物，如玉璧是传统的礼器，玉钺既是权威身份的象征，也是祭祀礼仪中的法器。更为重要的是，红山文化的玉器制作已规范化，造型复杂的勾云形玉佩，其基本形态也是一致的，说明这类玉器的制作遵守着严格的规则，受着一定观念形态的制约。因此，红山文化中的玉钺、兽形玉龙、勾云形玉佩、马蹄形玉箍饰等玉器具有明显的宗教含义，反映出当

① 浙江省文物管理委员会:《河姆渡遗址第一期发掘报告》,《考古学报》1978年第1期。

② 李恭笃:《辽宁凌源县三官甸子城子山遗址试掘报告》,《考古》1986年第6期。

③ 辽宁省文物考古研究所:《辽宁牛河梁红山文化女神庙和积石冢群发掘简报》,《文物》1986年第8期。

时的社会已存在某种等级、权力及宗教观念，已具有“礼”的雏形，这些玉器被学者视为早期的玉礼器。以玉为葬，以玉为祭，是红山文化上层建筑的重要组成部分，也是我国由石器时代向青铜时代过渡时期（距今约5000年）各地诸文化遗存的一个共同时代特点。[①]

神人兽面纹玉琮（图片来源：视觉中国）

琮是古代用以祭地的礼器。这件玉琮由透闪石琢制，玉质温润，工艺精湛，体现了良渚玉器的高度成就

良渚文化的玉器更是达到了史前玉器文化的巅峰，不仅数量迅速增加，而且是以成组的形态出现。玉器种类有璧、琮、钺、斧、钺冠饰、钺端饰、杖首、冠状饰、三叉形饰、半圆形冠饰、锥形饰、柱状饰、镯、璜、瑗、锥、笄、臂饰、兽面饰、靴形器、带钩、纺轮、蝉、鸟、龟、管、珠、坠以及各种形式的小玉片等。这些玉器可分为三大类：礼器、佩饰和镶嵌饰物。良渚玉器中大型的玉琮、玉璧、玉钺、冠状饰等，具有明显的宗教、等级等内涵。良

① 孙守道、郭大顺：《论辽河流域的原始文明与龙的起源》，《文物》1984年第6期。

渚文化与同时期的其他文化相比，出土玉器的数量之大、品种之多、雕刻工艺之精湛，均无出其右者。在上海福泉山，江苏武进寺墩，浙江余杭反山、瑶山的良渚文化墓葬中，都出土有大批极其精美的玉器。以反山墓地为例，玉器占全部随葬品的90%以上，出土时放置的位置基本相同：头骨上方为玉冠饰，胸腹部放置玉琮，一侧放玉钺，玉璧多置于腿脚部。良渚文化玉器以玉琮最具代表性，玉琮上的神人兽面复合像，被发掘者称为良渚“神徽”，也有人称之为祖先神面纹，或认为是巫师形象的反映。[①]

大汶口文化中发现了玉铲、玉锛、玉凿、玉指环、玉臂环、玉笄和玉管饰等玉器。[②]安徽含山凌家滩大汶口文化墓地出土玉器600多件，占出土文物总数的一半以上，其中4号墓葬出土玉器96件。凌家滩玉器种类有璜、玦、环、镯、系璧、璧饰、钺、玉龟、玉鹰、玉龙、玉人、玉斧、玉管、菌状玉饰、扣形玉饰、刻纹玉饰、半椭圆形玉饰、玉勺、玉笄、玉纽扣

坐姿玉人（图片来源：视觉中国）

凌家滩遗址出土。此玉人表情庄重，双臂贴胸，十指分开，似为礼神致敬之姿。从其服饰及姿态推测，它们可能代表着凌家滩高等级贵族中巫师的形象

① 刘小葶、张锡瑛：《巫与史前艺术》，《博物馆研究》2000年第2期。

② 山东省文物管理处等：《大汶口》，文物出版社1974年版。

等，最引人注目的是玉龟，在玉龟的背甲和腹甲之间夹有八卦图。[1] 凌家滩的玉龟及玉龙、玉鹰、玉人等，显然与宗教信仰有关，并非普通的玉饰品。

著名的石峁古城也有十分发达的玉器文化，主要器型有牙璋、圭、斧、钺、戈、刀、璧、璜等，玉雕艺术品有人头像、玉蚕、虎头、玉蝗、螳螂。石峁玉器除玉璧、玉璜可用作佩饰外，其余玉圭、玉斧、玉钺、玉戚、玉刀的刃部钝厚，无使用痕迹，无实用功能，应是宗教活动中的礼仪用器。这表明石峁遗址在龙山文化时期存在一个掌握了宗教权力的巫觋集团。[2]

山西襄汾陶寺遗址也是一座著名的史前古城，出土有大量的玉器，其中玉钺、玉瑗、玉琮、玉铲等属于宗教礼器，此外还有制作精良的玉梳、玉管、玉臂环等玉饰品。在陶寺遗址的9座大墓中均出土有玉钺、玉琮等礼仪用玉器，而且墓的规模越大，随葬的玉器也就越多。陶寺M3015大墓中出土各类随葬品178件，而玉石器多达130件，其中的玉钺薄而细长，无实用功能且无使用痕迹，并与代表王室的重器同出，表明它不是生产工具而是礼仪用具。[3]

玉琮（图片来源：视觉中国）

陶寺遗址出土。外形方内洞圆。古人认为“天圆地方”，故以圆璧祭天，以方琮祭地

①安徽省文物考古研究所：《安徽含山凌家滩新石器墓地发掘简报》，《文物》1984年第4期。

②戴应新：《神木石峁龙山文化玉器》，《考古与文物》1988年第5、6期合刊。

③中国科学院考古研究所山西工作队、临汾地区文化局：《山西襄汾县陶寺墓地发掘简报》，《考古》1980年第1期；中国科学院考古研究所山西工作队、临汾地区文化局：《1978—1980年山西襄汾陶寺墓地发掘简报》，《考古》1983年第1期。

可见新石器时代晚期,玉器的发展已脱离了装饰品和实用器具的范畴,大多是用于祭祀的神器,随葬这种玉神器的墓主人可能是身份地位极高的巫觋。祭祀时巫觋头上和身上佩戴标志其身份的玉器,手执玉制法器,击打乐器,手舞足蹈,将玉璜、玉璧、玉环、玉玦等器物奉献给神灵享用,并通过这些器物传达神明的旨意。因此巫觋所用、所献、所祭之玉皆为宗教活动中的法器,玉器就这样被早期宗教赋予了灵性,在祭祀时发挥悦神、通神的作用,是宗教活动中的专用法器,成为一种与当时的观念形态、宗教信仰密切相关的特殊器物,具有标识宗教信仰和社会等级的功能。

2.早期宗教

在早期文明发展过程中,人类的宗教意识也得到了长足的发展,宗教活动的扩大化和复杂化要求有特定的人群来专门进行操作工作,这种专门化的宗教神职人员称为“巫觋”,又简称为“巫”。作为专业的宗教神职人员,巫熟练掌握祭祀、丧葬等各种仪式及活动程序,能够传递神灵的意志,从而沟通人神。在专业化的神职集团的主持下,原始的宗教意识获得了巨大的发展,成为规范化和体系化的早期宗教,突破了最初散漫的、无序的状态,进入集中的、有序的较高级阶段。

关于早期宗教信仰及其专业化的神职集团巫的发展,《国语·楚语下》所载楚大夫观射父回答楚昭王之言,对其有详细的解释:

> 昭王问于观射父,曰:“周书所谓重、黎实使天地不通者何也?若无然,民将能登天乎?”
>
> 对曰:“非此之谓也。古者民神不杂。民之精爽不携贰者,而又能齐肃衷正,其智能上下比义,其圣能光远宣朗,其明能光照之,其聪能听彻之,如是则明神降之,在男曰觋,在女曰巫。是使制神之处位次主,而为之牲器时服,而后使先圣之后之有光烈,而能知山川之

号、高祖之主、宗庙之事、昭穆之世、齐敬之勤、礼节之宜、威仪之则、容貌之崇、忠信之质、禋洁之服，而敬恭明神者，以为之祝。使名姓之后，能知四时之生、牺牲之物、玉帛之类、采服之宜、彝器之量、次主之度、屏摄之位、坛场之所、上下之神祇、氏姓之所出，而心率旧典者为之宗。于是乎有天地神民类物之官，是谓五官，各司其序，不相乱也。民是以能有忠信，神是以能有明德，民神异业，敬而不渎，故神降之嘉生，民以物享，祸灾不至，求用不匮。及少皞之衰也，九黎乱德，民神杂糅，不可方物。夫人作享，家为巫史，无有要质。民匮于祀，而不知其福。烝享无度，民神同位。民渎齐盟，无有严威。神狎民则，不蠲其为。嘉生不降，无物以享。祸灾荐臻，莫尽其气。颛顼受之，乃命南正重司天以属神，命火正黎司地以属民，使复旧常，无相侵渎，是谓绝地天通。”①

这段文献是研究上古时代早期宗教最重要的资料，曾引起广泛的研究和讨论。据观射父之言，中国古代宗教的神职人员，在女曰巫，在男曰觋，后世合称为巫觋，简称为巫。观射父谈到在颛顼命重、黎进行“绝地天通”之前是“民神杂糅，不可方物。夫人作享，家为巫史”，即人人皆可通神于天。自颛顼改革之后，断绝了天与地、神与人两个世界之间的交通，此后只有专职的巫觋才能沟通天地神人，从而确立了巫觋在上古宗教中的垄断地位，被学者称作“中国的第一次宗教改革”，在中国文化发展史上具有极为重大的意义。

随着社会的进步、文明的发展，上古宗教必然发展出专门化的神职人员。宗教神职人员从业余演变为专职，最后形成独立于一般民众之上的专业集团，这种宗教神职集团，中国谓之巫觋，西方谓之祭司、僧侣。

巫的本义，《说文·工部》释巫：“巫，祝也，女能事无形，以舞降神者

① 徐元诰撰，王树民、沈长云点校：《国语集解》，中华书局2002年版，第512～515页。

也，象人两褎舞形，与工同意。”释工：“巧饰也，象人有规矩也，与巫同意。”释祝：“祭主赞词者。”[①]可知巫实为以法术通神事神、祈福致佑的专门神职人员。祭祀时，巫诵唱赞词悦神、媚神，并按照一定的模式手舞足蹈，使用法器，借助各种灵物与神灵沟通。巫在母系氏族时期由女性担任，进入父系氏族时代，转而由男子担当。男性的巫专名为觋，巫觋为男女巫的统称。

这种专业化的宗教神职集团（巫觋）一旦形成，就必然会带来宗教权力的集中，然后由集中而独占，最终的结果是巫觋垄断宗教权力，而政治权力也由此产生。张光直指出：“天，是全部有关人事的知识汇聚之处。……当然，取得这种知识的途径是谋取政治权威。古代，任何人都可借助巫的帮助与天相通。自天地交通断绝之后，只有控制着沟通手段的人，才握有统治的知识，即权力。于是，巫便成了每个宫廷中必不可少的成员。事实上，研究古代中国的学者都认为：帝王自己就是众巫的首领。”[②]可见在“绝地天通”之后，巫觋群体成为社会的核心，巫术性的宇宙观也由此支配了政治权力、财富积累、城市建构、美术制作等各个领域，从而也奠定了中国文化的一些基本特质。

人员上，早期宗教的神职人员为巫觋；内容上，早期宗教的核心就是巫术。巫术是靠虚构的、超自然的力量，通过特定的行为或器物来达到某种目的，或实现预想的效果。巫术要由巫觋来施行，巫觋通神需要借助各种媒介，宗教活动中的法器所起的主要作用即在于此。

3.巫与玉文化

玉器作为新石器时代最为贵重的器物，是早期宗教活动中的法器，玉也由此被赋予了灵性，玉器就从装饰之物变成了神物。古代巫觋不仅将玉作为祭品，还将玉作为沟通神灵的重要器具，用于传达神灵的旨意，

①（汉）许慎：《说文解字》，中华书局1963年版，第100、8页。

②［美］张光直：《美术、神话与祭祀》，郭净译，辽宁教育出版社2002年版，第29页。

以进行人神沟通。杨伯达对此曾有论述:"不论对玉神物作何诠解,都不能背离玉为神灵之物体,玉本身也就是神灵的拜物教的遗念及巫觋的神灵观,崇拜玉也就是为了事神享神,祈求神灵保佑,获得福祉,避免灾难。"[①] 杨伯达认为,玉被早期宗教赋予神性,这也是玉与石彻底分化的决定性因素。[②]因此早期宗教的发展使玉成为神物,这决定性地影响了玉器的雕琢和使用,玉由现实的人间美物上升为天界的神物,这是中国文化中玉观念的一次关键性的转化和升华,成为中国玉文化的原始根基。

而从文字学上考察,巫的产生亦与玉有关。《楚辞·九歌》王逸注:"灵,巫也,楚人名巫为灵子。"[③]《说文》曰:"灵,巫也,以玉事神,从玉。"清段玉裁注:"巫能以玉事神,故其字从玉。"[④]这就从文字学角度证明了玉器和上古宗教,玉和巫、灵之间的密切关系。王国维的《释礼》进一步申论,谓"古者行礼以玉","礼"的本义即是"盛玉以奉神人之器"。[⑤]裘锡圭则进一步指出"礼"字本是一种鼓的名称,但可能是"用玉装饰的大鼓"。[⑥]郑杰祥不仅认为"礼"字本从鼓从珏,其"意即古人在鼓乐声中以玉来祭享天地鬼神之状"。[⑦]又《史记·殷本纪》载武王伐纣时,"甲子日,纣兵败。纣走入,登鹿台,衣其宝玉衣,赴火而死"[⑧]。按商王自己亦为大巫,为群巫之长,纣王自焚时所着之宝玉衣,当为缀有玉器的法衣。夏志峰检索甲骨文和金文中有关玉的记载后亦认为,巫的名称由来很可能与玉有关。[⑨]

---

① 杨伯达:《巫·玉·神泛论》,《中国玉文化玉学论丛(三编)》上,紫禁城出版社2005年版,第239页。

② 杨伯达:《"玉神物"解》,《巫玉之光——中国史前玉文化论考》,上海古籍出版社2005年版,第58页。

③ (宋)洪兴祖:《楚辞补注》,中华书局1983年版,第58页。

④ (清)段玉裁:《说文解字注》,中州古籍出版社2006年版,第19页。

⑤ 王国维:《观堂集林》,中华书局1959年版,第291页。

⑥ 裘锡圭:《甲骨文中几种乐器名称》,《中华文史论丛》1980年第2期。

⑦ 郑杰祥:《释礼、玉》,田昌五:《华夏文明》第一集,北京大学出版社1987年版。

⑧ (汉)司马迁:《史记》,中华书局1959年版,第108页。

⑨ 夏志峰:《甲骨文和金文中的玉》,"全国玉文化·玉学学术研讨会"论文,1999年。

玉器的宗教神性在后世文献中亦有较为充分的反映,《周礼·春官·大宗伯》载:"以玉作六器,以礼天地四方。以苍璧礼天,以黄琮礼地,以青圭礼东方,以赤璋礼南方,以白琥礼西方,以玄璜礼北方。"[①]近代学者对玉器的宗教作用也多有论述,如张光直先生认为玉琮应是巫师用来贯通天地的法器,是财富和权力的象征,张氏引用《左传》及《道藏》中的有关资料分析玉琮上的兽面纹饰,指出巫师沟通天地的工作是受到动物帮助的,这和萨满式的巫术极为近似。[②]萨满式的巫术即巫师借助动物的助力沟通天地、人神、生死,从考古学上可追溯到旧石器时代晚期。周南泉亦认为玉璧源于人们对天的信仰,进而仿天之圆形进行创作,是人们原始信仰和宇宙观的反映。[③]

(二)玉与中华文明起源

新石器时代晚期的良渚文化、龙山文化、红山文化、屈家岭—石家河文化中,玉器发展已到了很高的水平,尤其是良渚文化的玉器,极其令人震撼。这一时期的玉器具有明显的贫富分化、等级序列、礼仪制度、宗教信仰的意义。总的来说,新石器时代末期的良渚、石家河、龙山诸文化已明显发展到了较高级阶段,具有明显的国家与文明发展阶段的特征。早在20世纪,严文明即指出,"良渚文化的琮、璧、钺等玉器以及云雷纹饰等都为商文化所继承和发展"。他结合其他一系列的考古迹象进而指出:中国文明起源的时间比许多人估计的要早,东亚文明曙光的出现看来并不比西亚晚,而最初照射的几束光芒中,良渚的一束显得特别耀眼,也许有一天我们可以提笔写一部良渚王国的历史,就像写西亚两河流域苏美尔

① 《周礼注疏》,李学勤:《十三经注疏》北京大学标点本,北京大学出版社1999年版,第477～478页。

② [美]张光直:《谈"琮"及其在中国古史上的意义》,《文物与考古论集——文物出版社成立三十周年纪念》,文物出版社1986年版。

③ 周南泉:《论中国古代的玉璧》,《故宫博物院院刊》1991年第1期。

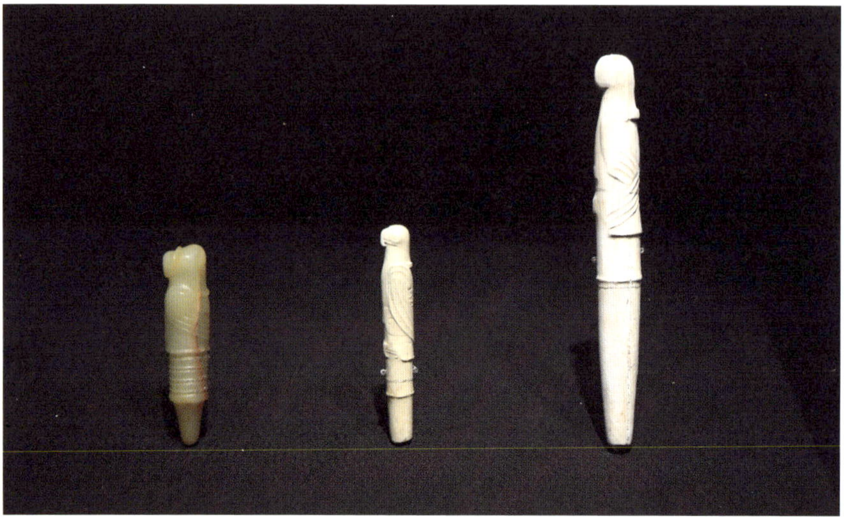

鹰形玉笄(图片来源:视觉中国)

石家河遗址出土。玉笄器形多为圆柱形,鹰形笄是石家河玉笄中的典型形态

玉人头像(图片来源:视觉中国)

石家河遗址出土。现藏于荆州博物馆

王国的历史一样。[1]新石器时代末期的诸多考古学文化由此成为中华文明探源的重要研究对象。在此基础上，许多学者提出，在中国文明起源的过程中，有一个玉器时代。

20世纪80年代上半期，随着良渚文化诸多玉器大墓的发掘，张光直撰文指出："西方考古学讲石器时代、铜器时代、铁器时代，比起中国来中间缺一个玉器时代，这是因为玉器在西方没有在中国那样的重要。"[2]随后，牟永抗、吴汝祚等对玉器时代作了全面的理论性阐述。[3]现在看来，在青铜礼器出现之前，确有一个使用玉礼器的时代，良渚文化的玉器是最有力的证明。

从中国考古学的角度讲，玉器时代的存在是客观现实。西方考古学没有玉器时代是因为西方文明没有这个时代，张光直曾指出西方文明是一种"断裂性"的文明，而中国文明是连续性的，因此并不能用从断裂性的文明中概括出来的理论来硬套具有连续性的中国文明。

由于中国文明是一种连续性的文明，因此，在中国文明的发展历程中，在从石器时代向铜器时代过渡中，出现了一个很长的中间阶段，此阶段具有明显的玉器时代特征。张光直认为："玉器时代在中国正好代表从石器到铜器的转变，亦即从原始社会到国家城市社会中间的转变阶段，而这种转变在中国社会史上有它自己的特征。"[4]从文明起源的角度讲，玉器时代正好与文明的起源阶段相符合，即文明从开始孕育到正式形成这一阶段。因此许多学者都主张在中国文明的起源阶段，有一个以玉器为主要象征的玉器时代。而玉器时代的提法，正好与《越绝书》所载风胡子的古史分期法相合：

---

① 严文明：《良渚遗址的历史地位》，《浙江学刊》1996年第5期。

②③ [美]张光直：《谈"琮"及其在中国古史上的意义》，《中国青铜时代》，生活·读书·新知三联书店2013年版，第314页。

③ 牟永抗、吴汝祚：《水稻、蚕丝和玉器——中华文明起源的若干问题》，《考古》1993年第6期。

时各有使然。轩辕、神农、赫胥之时，以石为兵，断树木为宫室，死而龙藏。夫神圣主使然。至黄帝之时，以玉为兵，以伐树木为宫室，凿地。夫玉，亦神物也，又遇圣主使然，死而龙藏。禹穴之时，以铜为兵，以凿伊阙、通龙门，决江导河，东注于东海。天下通平，治为宫室，岂非圣主之力哉？当此之时，作铁兵，威服三军，天下闻之，莫敢不服。此亦铁兵之神，大王有圣德。[①]

风胡子谓“轩辕、神农、赫胥之时，以石为兵”，“至黄帝之时，以玉为兵”，“禹穴之时，以铜为兵”，“当此之时，作铁兵，威服三军”。张光直亦认为石、玉、铜、铁四个阶段，正好与考古所见中国文明的早期发展历程相合。“兵”在这里应是兼指兵器和法器，而某些礼仪性兵器本身就是法器。古人对玉是有一个认识过程的，最初只是把“石之美者”视为玉，故玉器在这里应是指经过精细研磨的石器即新石器。在铜器出现以前，这种“玉器”无疑是最锋利的兵器，同时也是最尊贵的法器，风胡子才会有“玉兵”之说。所谓“国之大事，在祀与戎”[②]，对早期文明而言，宗教与政治是不分家的，夏商周三代的所谓“礼器”，在神权政治时代的含义就是宗教法器。在上古时代巫政不分、宗教统治一切的情况下，以祭祀为中心的宗教活动就不是单纯的宗教祭祀，同时也是政治活动，因此在祭祀活动时所使用的宗教器物，就成为国家权力的象征，即法器也是礼器。从祀与戎这两方面来说，玉器时代都是合格的。

（三）玉器的文化内涵演变

中国早期宗教至商代发展至巅峰。商文明高度宗教化，整个社会沉

① 李步嘉：《越绝书校释》，中华书局2013年版，第303页。
②（晋）杜预：《春秋经传集解》，上海古籍出版社1988年版，第722页。

浸在极端的宗教神秘主义气氛中。殷人对宗教极端虔诚，对宗教事务倾心关注，在历史上是有名的淫祀之世。殷人极重祭祀，一次奉献所牺牲的牛羊可达上千头。[①]从甲骨卜辞中可见，殷人几乎是无事不卜，就连耳鸣这类的小事也要用隆重的祭祀向鬼神上帝请示，乞求平安。这种宗教统治一切的现象，是古代文明在青铜时代的常态。在殷人的社会中，事无大小皆取决于上帝鬼神，宗教神秘力量是指导一切行为的社会规范。

但经过商周变革，中国文化的发展发生了重大变化，对于殷周之间在文化上的差异古人早就有所体认。殷人的特点或曰文化特质是："殷人尊神，率民以事神，先鬼而后礼，先罚而后赏，尊而不亲。"周人则正相反，其文化特质为："周人尊礼尚施，事鬼敬神而远之，近人而忠焉。其赏罚用爵列，亲而不尊。"[②]学者对殷周两代在思想文化上的差异早就有了深刻的印象，体认到殷周两代在思想文化上的根本性变化。近代以来，思想史研究的成果更进一步加深了这一认识。王国维在《殷周制度论》中提出："中国政治与文化之变革，莫剧于殷周之际……故夏、殷间政治与文物之变革，不似殷、周间之剧烈矣。殷、周间之大变革，自其表言之，不过一姓一家之兴亡与都邑之移转；自其里言之，则旧制度废而新制度兴、旧文化废而新文化兴。"[③]徐复观也认为周人在"传统的宗教生活中，注入了自觉的精神；把文化在器物方面的成就，提升为观念方面的展开，以启发中国道德的人文精神的建立"，"周人在宗教方面，虽然是属于殷的系统；但在周人的领导人物中，却可以看出有了一种新精神的跃动，因为有了这种新精神的跃动，才使传统的宗教有了新的转向，也即是使古代整个的文化，有了新的发展"，"周人建立了一个由'敬'所贯注的'敬德''明德'的

① 郭沫若：《中国史稿》，人民出版社1976年版，第191页。

②《礼记正义》，李学勤：《十三经注疏》北京大学标点本，北京大学出版社1999年版，第1485～1486页。

③ 王国维：《观堂集林》，河北教育出版社2001年版，第287-288页。

观念世界，来照察、指导自己的行为，对自己的行为负责，这正是中国人文精神最早的出现；而此种人文精神，是以‘敬’为其动力的，这便使其成为道德的性格，与西方之所谓人文主义，有其最大不同的内容。在此人文精神之跃动中，周人遂能在制度上作了飞跃性的革新，并把他所继承的殷人的宗教，给与以本质的转化”。[①]陈来也认为“西周的礼乐文化在本质上已不是神的他律，而是立足于人的组织结构的礼的他律。六礼都是围绕着人的生命过程而展开的，这使得礼乐文化本身已经具有了一种人文主义的基础。礼乐文化所代表的文化模式，相比于殷商而言，神的色彩趋于淡化，人文的色彩比较显著。这是从西周开始萌芽而到春秋更为发展的人文思潮所以兴起的重要基础”，“中国人文思想的起源是西周的礼乐文化”。[②]

有学者在考察了西周“天命观”的产生过程与殷周文化变迁的过程后提出了周初“宗教改革”说，认为随着周人取代殷人，成为中原的统治民族，思想意识领域里也掀起了巨大波澜。其结果是新的“史官文化”的诞生，它与殷代的“重巫文化”显然不同。殷周文化的更迭波及整个文化领域，十分复杂。随着军事、政治方面的一败涂地，不甘于亡国命运的殷人，转而把宗教文化作为复国势力，徐图恢复殷人的统治。而周人对此当然不会坐视，于是，在平息了殷人的复国战争之后，周朝就展开了对殷文化的全面改造，其中一个关键举措就是自上而下的“宗教改革”运动。周初统治者强调礼教和德治，轻宗教、轻祭祀，这种抑制殷人旧有宗教信仰的政策，促成了一场事实上的宗教革新。这场运动也许未经点破，但其影响却很深远，对后代中国史官文化的形成，起了直接作用。

西周宗教改革的结果，是周人的史官文化取代了商人的宗教文化（或曰重巫文化），虽然西周至春秋时期，宗教、巫术仍在社会上有广泛的

① 徐复观：《中国人性论史·先秦篇》，九州出版社2020年版，第14、18、22页。

② 陈来：《古代思想文化的世界：春秋时代的宗教、伦理与社会思想》，生活·读书·新知三联书店2002年版，第10页。

存在和影响，但宗教、巫术已不再是社会、文化的主导意识。而随着西周宗教改革的完成，玉器的文化内涵也随之发生了改变，由宗教、巫术内涵转变成主要为政治、礼制内涵，成为社会等级制度的一部分。但西周的礼制也并不仅止于等级制度，而是一整套的社会行为规范，其中包含意识形态的内容，玉器也被西周礼乐制度赋予了政治制度、行为规范、思想认识的内涵，虽然西周至春秋时期并未进入历史理性时代，其人文理性的发展有青铜时代的局限性，而且西周至春秋时期巫术仍广泛存在，仍有广泛的社会影响，因此西周至春秋时期玉器的文化内涵也仍有其宗教、巫术的一面。

对于周代的玉文化，郭宝钧曾有这样的概括："甚或抽绎玉之属性，赋以哲学思想而道德化；排列玉之形制，赋以阴阳思想而宗教化；比较玉之尺度，分别上下四方，赋以爵位等级而政治化。"[①]李婵则将周代玉文化概括为礼玉文化、饰玉文化和葬玉文化三个方面。[②]在礼玉文化方面，西周礼制高度发达，形成了完备的礼乐文化，表现在玉器上，即出现了多种形制规范的祭祀用器和象征身份等级的瑞玉。在饰玉方面，周代佩玉成为风尚。在葬玉方面，周代建立起隆重而完备的丧葬制度，形成了独特的葬玉文化。

进入春秋时代，社会剧烈变动，传统的巫术影响进一步衰落，周代礼乐文明的人文主义精神蓬勃发展，"德"的观念被前所未有地强调，春秋时代实已成为"德行的时代"。[③]在这样的时代背景下，以孔子为首的儒家将佩玉与君子品德联系起来，提出"玉德"理论，以玉比德，赋玉以德，将玉之物理特性与人的道德品质及学识修养相结合，赋予玉器以人性化特

---

① 转引自房余龙、毕建钢《中国玉器赏识》(上)，苏州大学出版社2020年版，第179页。

② 李婵：《上古三代秦汉玉文化研究》，山东大学博士学位论文，2011年。

③ 陈来：《古代思想文化的世界：春秋时代的宗教、伦理与社会思想》，生活·读书·新知三联书店2002年版，第12～16页。

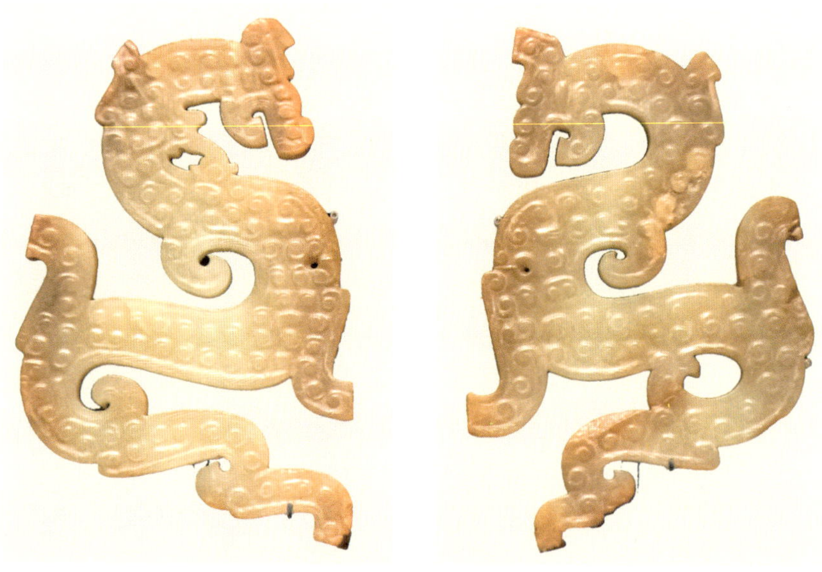

龙形玉佩(图片来源:视觉中国)

湖北省随州市擂鼓墩曾侯乙墓出土。系一对周代龙形玉佩,呈青黄色,龙体中腹钻一孔。左长11.5厘米、宽8.7厘米、厚0.6厘米,右长11.3厘米、宽8.7厘米、厚0.6厘米

征，使玉成为君子美好品德及高尚情操的象征，成为儒家伦理观和道德观的重要载体。

周代的“君子”，本义是指贵族。《诗经·小雅·大东》：“君子所履，小人所视。”孔颖达正义：“此言君子小人在位，与民庶相对。”[1]《左传·襄公九年》：“君子劳心，小人劳力。先王之制也。”[2]这里的“君子”与“小人”相对，代表着统治者与被统治者，是一种已然成型的社会秩序，但对此秩序的命名与区分及其标准显然并不是纯粹客观形成的，往往包含着主观意志在其中。同时，“君子”作为“社会权力阶层”，其存在一定的自我期许，这种期许是通过诸如话语的规定、行事的规范、铭文的铸造以及祭祀、征战的专有而呈现的。[3]因此“君子”概念并不能仅限于社会身份，同时也包含有相应的主观意志，是社会权力角色与其主观意志的结合。

经过西周宗教改革，周人否定了商人的天命观，否定了“天命神授”，但继续发扬了商文化中已有的“德”观念，并进一步发展成为“敬德保民”，“德”成为周文化中的核心观念。在周人看来，政治合法性的依据完全依赖于统治者的德行，而统治者的德行在于爱民，不爱民则无德，无德则天命就会弃之而去。周人完全拒绝对天命作出神秘性的解释，天命之获取与保有，完全在于德，德体现在爱民保民，对天命则以政治行动者的社会与政治行为的因果关系来解释。这样，天命就完全落实到人的政治与社会行为中来。[4]这里要指出，古人所谓的“德”或“道德”，并不是现代意义上的“道德”“品德”等善恶范畴，更非世俗生活的区区准则，它是大政治的本质。是使人同化世界的综合素质，是奉天承运、

①《毛诗正义》，李学勤：《十三经注疏》北京大学标点本，北京大学出版社1999年版，第780、781页。

②（晋）杜预：《春秋经传集解》，上海古籍出版社1988年版，第854页。

③韩伟涛：《先秦“君子”“小人”“贤人”“淑女”观念演变研究》，湖北省社会科学院硕士学位论文，2020年。

④尹弘兵：《殷周之际思想变化的轨迹》，《湖北经济学院学报》2012年第6期。

自立立人、顺天应民的政治感召，用以感化人心、应合自然天命。而这种感召的获得，不是由于上天的特别垂青，不是由于血统的高贵，而是来源于政治行动者的道德努力，来源于政治首领的社会与政治行为。而一旦政治行动者因自己的努力获得了政治感召力，他也就会得到上天的眷顾，获得天命。这样，“德”与“天”“天命”之间就存在一种内在的逻辑关系。而“君子”作为社会权力角色，也必然成为“德”的承担者，这样，君子就不仅是社会权力阶层，同时也具有了某种道义品质。

历史发展进入春秋时期，出现了剧烈社会变革。春秋时期是从贵族社会向平民社会的过渡时期，是从贵族政治向官僚政治的过渡时期，贵族阶层受到了巨大的冲击，大量的贵族在剧烈的政治与社会变动中丧失了原有的社会身份与地位。《国语·晋语九》记载，“夫范、中行氏不恤庶难，欲擅晋国，今其子孙将耕于齐，宗庙之牺，为畎亩之勤”[①]。随着贵族社会走向崩溃，“君子”也逐渐丧失其原有的社会身份，但与君子结合在一起的社会权力角色的自我期许，则保留了下来，原来为君子阶层所独有、所传承的“德”，则得到了单独的发展。于是春秋晚期，君子不再是一种社会身份，更不再是一种先赋性的社会权力角色，而是一种脱离其社会身份的道德品质，成为人格特征，于是“君子”与“德”发生密不可分的联系。《白虎通》谓：“或称君子何？道德之称也。”[②]此谓之“道德君子”。

在这样的社会与文化大变动的情形下，玉器的文化内涵也随之发生了进一步的演变。《礼记·聘义》所载孔子的一段话对此作了详细的解释：

夫昔者，君子比德于玉焉：温润而泽，仁也。缜密以栗，知也。廉而不刿，义也。垂之如队，礼也。叩之，其声清越以长，其终诎然，乐

①徐元诰撰，王树民、沈长云点校：《国语集解》，中华书局2002年版，第453页。
②(清)陈立：《白虎通疏证》，中华书局1994年版，第48页。

也。瑕不掩瑜，瑜不掩瑕，忠也。孚尹旁达，信也。气如白虹，天也。精神见于山川，地也。圭璋特达，德也。天下莫不贵者，道也。《诗》云“言念君子，温其如玉。”故君子贵之也。[1]

孔子谓玉有“十一德”：仁、智、义、礼、乐、忠、信、天、地、德、道。儒家以玉比德，是将其理性而抽象的伦理观念外化为以玉为载体的感性体验，从而达到教化目的，由此玉就成为君子的象征。《礼记·玉藻》谓：“古之君子必佩玉，右徵、角，左宫、月（羽），趋以《采齐》，行以《肆夏》，周还中规，折还中矩，进则揖之，退则扬之，然后玉锵鸣也。”[2]在儒家看来，玉是君子的象征，君子具有玉所涵有的一切德行，玉德的教化作用即使人养成君子那样的德行，君子用佩玉来表示高尚的人格道德修养。此外管子亦曾提出玉有“九德”，即“仁、知、义、行、洁、勇、精、容、辞”（《管子·水地》），荀子也曾提出玉有“七德”（《荀子·法行》）。汉代董仲舒《春秋繁露·执贽》云：“玉有似君子。……玉至清而不蔽其恶，内有瑕秽，必见之于外，故君子不隐其短，不知则问，不能则学，取之玉也。君子比之玉，玉润而不污，是仁而至清洁；也廉而不杀，是义而不害也；坚而不磬，过而不濡。视之如庸，展之如石，状如石，搔而不可从绕，洁白如素，而不受污，玉类备者，故公侯以为贽。”[3]这段话强调了“君子比德于玉”的社会意义。汉初贾谊根据玉德而生发出玉之“六理”（《新书·道德说》），汉代刘向在《说苑·杂言》中提出玉有“六美”，东汉许慎在前人的基础上总结出玉之“五德”。可见自春秋战国之后，“玉德”说深入人心，士人竞相效仿，借此表达自身的高尚情操，玉也成为道德君子的象征。儒家以玉象征品德情操的

---

①《礼记正义》，李学勤：《十三经注疏》北京大学标点本，北京大学出版社1999年版，第1670页。

②《礼记正义》，李学勤：《十三经注疏》北京大学标点本，北京大学出版社1999年版，第1064～1065页。

③（清）苏兴撰，钟哲点校：《春秋繁露义证》，中华书局1992年版，第420～421页。

伦理观和道德观充满了人文精神，具有现实意义，对后世影响深远。

三、楚国玉器

进入春秋时代，周天子失权，诸侯各自为政。“及平王末，而秦、晋、齐、楚代兴，秦景、襄于是乎取周土。晋文侯于是乎定天子，齐庄、僖于是乎小伯，楚蚡冒于是乎始启濮。”[①]各诸侯国的文化在一定程度上脱离周文化的统一规范，从而开始具有鲜明的地域特色，逐渐带有强烈的个性和浓郁的民族性。

春秋时期的楚国在长期经营的基础上也迅速强大起来，楚武王一统江汉，文王北进南阳盆地，并进入中原，使中原诸侯深感威胁，形成了与中原大国争霸的局面。楚国春秋时为五霸之一，战国时为七雄之一，从周文化的边缘小国发展成为华夏核心诸侯之一。极盛之时，楚国疆域包括长江中下游及淮河流域，几乎一统整个南方地区，在东周时占有“半天下”的地位。强大起来的楚国大力吸收中原文化，整合周代南方诸侯的文化，融会百濮、楚蛮、百越等南方土著的文化及淮夷诸族的文化，发展出了高度发达的楚文化。

东周楚文化是一支重要的地域文化，是南方文化的代表，但楚文化也是在周文化体系下发展起来的。周王朝完善的制度，给予楚国和楚文化很大的影响。楚地出土的各类器物与典型周文化器物相比，既有内在的联系性与一致性，也存在某些差异。作为楚文化的重要组成部分，楚玉文化也与周文化存在密切的联系，楚人所用玉器的种类也不超出“三礼”的范围。楚玉在东周诸侯国的玉器中最为特殊，充满了浓烈的地方色彩，包含着楚地人民的浪漫情怀，并对汉玉产生了很大影响。[②]

① 徐元诰撰，王树民、沈长云点校：《国语集解》，中华书局2002年版，第477页。

② 杨伯达：《中国玉文化玉学论丛》，紫禁城出版社2002年版，第6页。

(一)楚玉出土概况

随着楚文化考古的开展，在湖北、湖南、安徽、河南等地的楚墓中陆续发现了大量楚国玉器，年代最早的为春秋中期，春秋时期代表性的楚国玉器主要出土于淅川下寺春秋楚墓、襄阳山湾墓、当阳曹家岗等楚墓中。战国时期楚国玉文化有重大发展，玉器的数量和种类繁多，主要有湖北荆州熊家冢大墓、荆州院墙湾1号楚墓出土玉器等。据统计，自20世纪50年代开始楚墓科学发掘以来，确知有玉器随葬的楚墓约有300座。[①]

1.楚王墓出土玉器

目前可以确定的楚王墓共有三处：安徽寿县李三孤堆楚墓、荆州熊家冢和冯家冢，三座墓均出土有大量的玉器。

李三孤堆楚墓一般认为是楚幽王墓，在20世纪30年代先后两次被盗掘，出土玉器据事后统计有玉圭、玉璧、玉环、玉玦、玉剑、玉哨等，追缴回的玉器数量并不多。

荆州熊家冢未发掘主墓，但在殉葬墓中出土大量玉器，以组玉佩为主，共出土玉璧360件、玉环6件、玉珩103件、玉佩39件，另在祭祀坑中也发现玉璧2件、玉珩2件。[②]

玉璧1(图片来源：视觉中国)

荆州熊家冢墓地出土。系战国中期偏早玉璧。现藏于荆州博物馆

① 秦雯洁：《楚墓出土玉器的礼制内涵研究》，华中师范大学硕士学位论文，2022年。

② 荆州博物馆：《湖北荆州熊家冢墓地2006～2007年发掘简报》，《文物》2009年第4期。

荆州八岭山冯家冢楚墓也是在殉葬墓中出土大量玉器，“一共出土有玉石珮饰63件，玉石珠306颗，碎玉19粒”，后来发掘的“两座祭祀坑中也各有玉珩2件、玉璧1件”。[①]

2.封君、上大夫墓出土玉器

楚封君出现于春秋战国之际，至战国时期逐渐增多，是权力地位仅次于楚王的阶层。大夫是商周时代的贵族通称，分上大夫、下大夫，上大夫一般是贵族中的最高等级。因此封君与上大夫的墓葬规模和随葬品规格颇为接近，低于楚王但显著高于一般贵族。目前出土有玉器的楚封君墓和上大夫墓主要有临澧九里M1，新蔡葛陵楚墓，荆州天星观M1与M2，荆门包山M2，襄阳蔡坡M1、M2、M3、M4，枣阳九连墩M1与M2，信阳长台关M7，淅川下寺M1、M2、M3、M7、M8等遗址。这些楚国的高等级贵族墓中均出土有玉器。

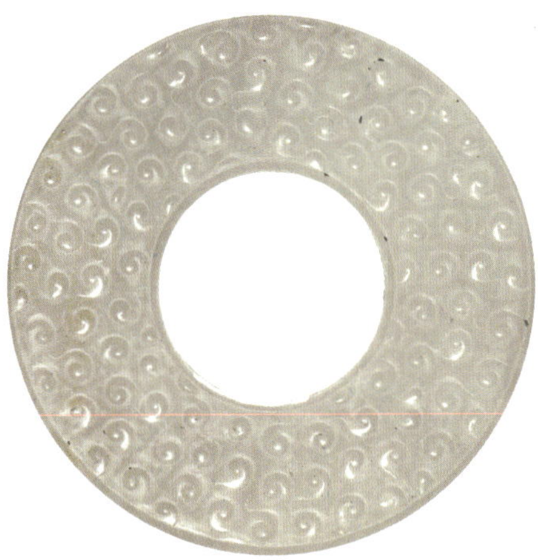

玉璧2（湖北省博物馆　供图）

玉璧是一种中央有小穿孔的扁平状圆形玉器。此玉璧出土自湖北省枣阳市九连墩楚墓地

① 荆州博物馆：《湖北荆州八岭山冯家冢楚墓2011～2012年发掘简报》，《文物》2015年第2期；荆州博物馆：《湖北荆州八岭山冯家冢楚墓祭祀坑2013年发掘简报》，《文物》2015年第2期。

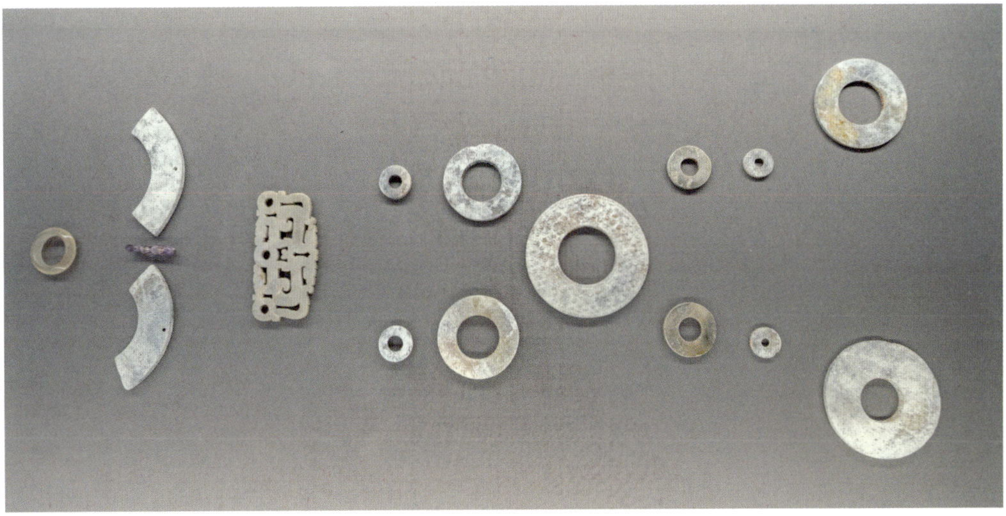

组玉佩(图片来源:视觉中国)

荆州熊家冢南侧殉葬墓出上。系战国中期偏早组玉佩。现藏于荆州博物馆

3.下大夫墓出土玉器

下大夫是楚国的中级贵族，下大夫墓中也一般出土有玉器。纪南城周围的荆门左冢M1、沙洋塌冢M1、荆州曹家山M1、江陵望山沙冢墓地，为较典型的下大夫墓，均出土有较多的玉器。较为特殊的荆州院墙湾M1，墓主为女性，内棺中随葬有大量玉器，其中较为突出的为各式龙形玉佩。荆州秦家山M2出土有玉覆面、玉笄各1件，玉璜、玉佩各2件。在楚国的北部地区，河南淅川和尚岭与徐家岭楚墓均被盗扰，但玉器保存情况较好。其他的如淅川下寺M10和M11、襄阳蔡坡战国M17和M18、湖北郧县乔家院四座墓葬、湖北老河口安岗M2均出土有较多的玉器。其他地区的下大夫墓，湖南长沙三公里M1、益阳楚墓甲类墓M170和M138、河南淮阳平粮台M16、安徽长丰杨公战国晚期贵族墓，均出土有玉器。

4.“士”与庶民墓出土玉器

士是楚国社会的中间阶层，分上、中、下三级，上士也称元士，是最低级的贵族，中、下士则与无爵的庶民无大区别。楚国的士级墓葬中一般随葬有一两件玉器。这些墓葬主要有襄阳地区的沈岗、山湾、蔡坡和罗岗部分墓葬，宜昌地区的赵家湖、何家山楚墓，荆州地区的雨台山、蟂峨山、马山、严家台楚墓，荆门地区的包山、黄付庙、子陵岗、左冢、四冢、曹家山部分墓葬，另在汉阳、天门、鄂城和潜江均有少数墓葬，河南的淅川徐家岭部分墓葬，湖南的益阳、长沙、沅水下游部分墓葬等。

(二) 楚玉的分类与用途

楚国玉器种类，根据其用途，大概可以分为礼仪玉器、丧葬玉器、装饰玉器、实用玉器四大类。

1.礼仪玉器

《周礼·春官·大宗伯》云：“以苍璧礼天，以黄琮礼地，以青圭礼东方，以赤璋礼南方,以白琥礼西方,以玄璜礼北方。”①此璧、琮、圭、璋、琥、璜即“六瑞”,是最主要的玉礼器,楚人所用,亦不出此范围。但从考古实践来看,玉礼器只有璧、琮、璋、圭四种,璜和琥主要是装饰用品。

(1)璧。璧按其形制可分为圆形、异形两种。圆形璧在楚地出土较多,一般是中部有孔,呈圆形,饰谷纹、卷云纹等。异形璧数量较少,不规则,河南新蔡葛陵楚墓出土1件青白色的不规则玉璧,两头较长,不规则兽形。根据纹饰分又可分为云纹璧、谷纹璧、涡纹璧、复合纹璧等。河南信阳1号墓出土1件卷云纹玉璧,荆州熊家冢墓出土1件透雕蟠璃纹璧,安徽长丰杨公墓出土1件复合纹玉璧。素面璧出土也较多,战国早期的熊家冢墓地出土的一套组玉佩中就有素面璧11件,随州曾侯乙墓中出土玉璧67件,其中素面玉璧有53件。

玉璧的主要用途是祭祀,古人认为“天圆地方”,故以圆形的玉璧来祭祀苍天。春秋之后,随着礼制的衰落,玉璧也不再是祭祀的专有物品,开始大量作为装饰玉器,战国时大部分玉璧是作为装饰品佩于身上。

(2)琮。琮是一种外方内圆的管形玉器,按器型可分为高型、矮型两种,按纹饰可分为兽面琮和素面琮两种。楚地出土的琮,一般器形较矮,如曾侯乙墓出土的玉琮,长沙浏城桥出土有素面琮。琮一般由几节组成,但也有单节琮,如下寺楚墓出土的素面单节琮。

玉琮在古代祭祀土地的礼器,《周礼》“黄琮礼地”,钱玄曰:“外八方象地之形,中虚圆,以应无穷。象地之德,故以祭地。”②古人认为天圆地方,玉琮的外观为方形,用以象地,其中间贯穿的圆洞,张光直认为是巫师与鬼神沟通的管道。

(3)圭。圭是一种上端呈尖锐的等边三角形,下端平直,类似于剑尖

①《周礼注疏》,李学勤:《十三经注疏》北京大学标点本,北京大学出版社1999年版,第477~488页。

②钱玄:《三礼通论》,南京师范大学出版社1996年版,第254页。

部位的玉器，但在安徽长丰杨公墓出土的圭为圆首状。《说文解字》："圭，瑞玉也。上圆下方，以封诸侯。楚爵有执圭。"[①]圭主要用作封官、拜爵和祭祀东方之神的礼器。据文献记载，"楚国之法，破军杀将者"，"其官为上柱国，封上爵执圭"。[②]江陵天星观1号墓墓主为楚国封君，出土2件玉圭。安徽长丰杨公2号墓出土2件青色玉圭，置于墓主的两脚之间，上圆下方。

(4)璋。《说文·玉部》："半圭为璋。"[③]表明璋、圭形制较相似。璋除作为祭祀用的礼器外，还用作符节。《周礼·典瑞》："牙璋以起军旅，以治兵守。"[④]桐柏月河墓中出土的1件玉璋，扁平，尖端为直角，援部宽短，两边斜直，阑部两侧有3组6个牙，应是牙璋。牙璋还有觐见和婚聘的功能。

(5)玉兵器。玉制的兵器，是礼仪性的，无实用功能。楚墓中出土的玉制礼仪兵器，主要有曾侯乙墓中出土的1件玉剑、桐柏月河墓出土的1件玉戈，另外还出土了玉矛、玉刀等兵器。

2.丧葬玉器

玉器由于带有宗教性，也普遍用于丧葬之中。由于玉器上古时代是宗教法器，玉器的宗教性在东周时代演化为"金玉在九窍，则死人为之不朽"的思想，于是出现了专门为保存尸体、用于丧葬礼仪而制造的玉器。丧葬玉器一般随葬于身体四周，既有生前所用之物，又有殓葬、殉用之品。楚地出土的丧葬玉器主要有琀、握、瞑目(覆面)、鼻塞、俑人等。璧、琮等礼玉在战国时期也多用于殓葬，战国早期的长沙浏城桥1号墓、五里牌406号墓，墓主身上有次序地排列着璧、琮等玉器，安徽长丰杨公2号墓

---

① (汉)许慎:《说文解字》，中华书局1963年版，第289页。

② (汉)司马迁:《史记》，中华书局1959年版，第1722页。

③ (汉)许慎:《说文解字》，中华书局1963年版，第11页。

④《周礼注疏》，李学勤:《十三经注疏》北京大学标点本，北京大学出版社1999年版，第539页。

墓主身上的玉器达50余件，其中玉璧多达39件。

（1）琀。《说文·玉部》："琀，送死口中玉也。"[①]即通常说的"口琀"。安徽淮阳平粮台16号墓出土1件玉环形状的口琀。曾侯乙墓出土牛、羊、猪、狗等六种禽兽类玉琀21件，集中在墓主的口腔和颅腔内。还出土玉口塞1件，素面，白色，光泽较好。口塞之俗在东周时主要流行于中原，荆楚地区较少见。与口琀、口塞类似的还有鼻塞，固始侯古堆出土鼻塞1对，呈牛角状，前端尖圆，后端刻有精细的花纹。

（2）玉人。主要有佩饰或随葬玉俑两类，有圆雕和扁平两种造型。江陵天星观1号墓出的素面玉俑，灰白玉质、形体较小、制作粗糙，其中1件雕出嘴、鼻、目，其余皆近似人形。湖南临澧双峰包南包大墓出土1件无五官，仅有头、肩及身的扁平玉俑，推测也是用于保护尸体的葬玉。淅川下寺8号墓中出土1件圆形玉管玉人，浮雕人像，头顶扁平，眉目清晰。曾侯乙墓出土的圆雕双面玉人，制作精细，栩栩如生。

（3）玉握。握于死者手中的玉器，形制多样。湖北随县曾侯乙墓墓主两手旁都有圆柱形的玉握件，器表阴刻云纹，并间饰阴刻弦纹。

（4）瞑目。用于覆面的方形片饰。荆州秦家山2号墓墓主脸上覆盖一块玉覆面，轮廓

玉覆面（图片来源：视觉中国）

荆州秦家山M2出土。战国中期后段玉覆面，高20厘米、宽13.9厘米、厚0.23厘米。现藏于荆州博物馆

① （汉）许慎：《说文解字》，中华书局1963年版，第13页。

清晰，眼、鼻孔、嘴镂空，面、眉、眼、嘴、耳等部位的轮廓线以及发、眉等皆为阴刻，刀法细腻，线条流畅。这种整玉雕成的玉覆面，此前未见，对研究先秦时期用玉制度有着重要价值。

3.装饰玉器

装饰玉器多佩戴在身上，一般包括璜、佩、玦、珩、环、瑗等。除上述玉饰外，楚地出土玉饰品还有玉坠、玉牌、玉片饰、玉管、玉珠、玉刚卯、玉印章等。

（1）璜。形状扁平，呈弧形。《说文·玉部》："璜，半璧也。"[①]璜在楚地出土较多，按形制可分为弧形玉璜、动物形玉璜、兽首形玉璜以及复体玉璜四种。荆州院墙湾1号墓出土4件周边有方形齿牙的玉璜，器表雕琢谷纹，边缘有一周阴线轮廓。新蔡葛陵楚墓出土1件玉璜，白色、弧形，双面饰连枝纹。曾侯乙墓出土32件素面璜，其中18件呈扁宽扇形。淅川下寺楚墓出土1件兽首状玉璜。璜本是玉礼器，但楚地出土玉璜多有穿孔，绝大部分出于墓主的两肩、胸腹、腰侧等部位，佩饰性较为明显。

（2）珩。古代玉佩上端的佩件。《说文》："珩，佩上玉也。所以节行止也。"[②]战国早期熊家冢楚墓出土玉珩达103件。玉珩的常见纹饰有谷纹、云纹，也有龙凤纹。从珩的出土位置看，大多是作装饰品使用。

（3）佩。主要有单件佩、组佩等，造型奇特。动物形玉佩中以龙的形象为多，其中也不乏龙凤造型的玉佩。荆州院墙湾1号墓出土1件神人操两龙形玉佩，由一人、两龙、两鸟组成，最引人注目的是中间呈直立状的神人。组佩则是将各种形状的佩饰按照一定的规律组合在一起，一般由璜、环、珠、管等组成。湖北、河南等地楚墓出土木俑上有佩玉组图，曾侯乙墓出土有四节龙凤玉佩和十六节龙凤玉挂饰。

（4）环。按形制可分为圆环、椭圆环两种；按材质可分为玛瑙环、水晶环、玉环三种；按纹饰可分为素面、刻纹、绹索纹，以及带有其他装饰

①②（汉）许慎：《说文解字》，中华书局1963年版，第11页。

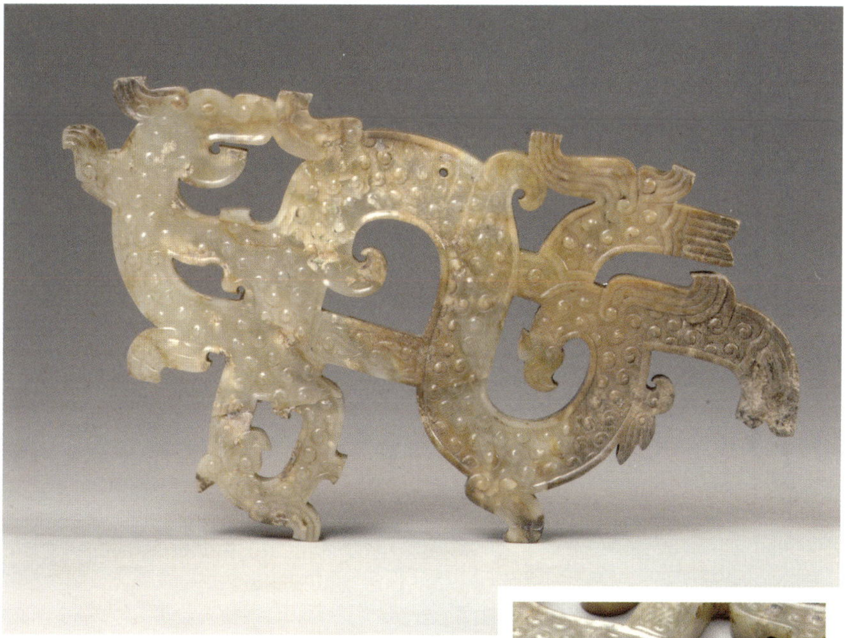

镂空龙凤形玉佩

1977年安徽省长丰县杨公2号墓出土。系战国晚期楚国玉佩,高11.5厘米、长21.4厘米、厚0.9厘米。现藏于安徽省文物考古研究所

的环四种。刻纹一般为谷纹、云纹、龙纹、网格纹等。江陵雨台山楚墓出土有55件玉环，多为圆形，断面作多角形和扁圆形，多为装饰品。古人佩环一般是为了象征矢志不渝的精神，除了装饰外，还用来当作回归、归还的信物。

（5）瑗。形状类似璧、环，呈圆形，《尔雅》：“肉倍好谓之璧，好倍肉谓之瑗，肉好若一谓之环。”[①]江陵沙冢楚墓出土2件玉瑗，其中1件肉壁同厚，两面均饰谷纹，淅川下寺1号墓出土灰白色的素面玉瑗2件。

（6）觿。佩饰器。楚地出土的觿多为扁平弯角形，一端粗而有穿孔，多作龙首状，一端尖锐，通体饰纹，中段呈蚕节状或不规则多角形。长丰杨公墓出土扁平角状的玉觿，淅川下寺4座楚墓出土玉觿82件，最多的3号墓出土30件。关于觿的用途，一般认为是一种解结器，原用于解结，后转化成饰品。

（7）璏。体宽扁，长条形，中有一圆孔，一般通体有阴刻纹饰。淅川下寺3号墓中出土5件玉璏，院墙湾1号墓中出土2件玉璏，均有钻孔用于佩带。

（8）玦。《说文》：“玦，玉佩也。”[②]楚地出土玉玦有环形、管形两种，环形较常见。玉玦在新石器时代出现，一般用作耳饰、镶嵌、饰物或信物。春秋墓葬中发现较多，文献中也有较多关于玦的记载。古人佩玦一是用来形容决断事物，二是用来表示断绝之意。

（9）镯。小件的环形玉器，但也有其他形制，随州擂鼓墩1号墓出土有1件方镯。玉镯不仅可以起到装饰作用，古人还认为佩饰玉镯可以辟邪和保健。

（10）扳指。矮圆的管状玉器，也称为玉韘，可以套在拇指上，防止弓

①《尔雅注疏》，李学勤：《十三经注疏》北京大学标点本，北京大学出版社1999年版，第151页。

②（汉）许慎：《说文解字》，中华书局1963年版，第11页。

弦拉伤皮肉。熊家冢楚墓中出土一种白色透明呈圆筒状的环，截面外壁平直，呈多边形，与现代的玉戒指有一定的相似之处。

（11）牙形饰。荆州院墙湾1号墓中出土2件，上有穿孔，另一端宽而平，应是装饰品，或是组佩，或是用来穿系单独作为装饰来用。

四、天下无双和氏璧

楚国最初立国于丹淅之地，此地邻近蓝田玉的产地。西周晚期，楚人进入汉水流域，在“江汉间”或“江汉楚蛮之地”开疆拓土。此“江汉间”一般认为是汉水中游一带，西周末至春秋初年，楚核心区当在今之宜城平原上，而宜城平原之旁，即荆山，亦是著名的玉石产区。春秋早期，楚武王熊通一统江汉地区，在江汉沮漳之地建立了楚国基业。楚文王时，楚国进一步北上，灭申、息、邓，占有南阳盆地。楚申县，今南阳市，即著名的独山玉产地。卞和及和氏璧的故事，最初即发生于此时。可见，从西周初熊绎初封起，至春秋早期，楚国的活动地区皆在玉石产地。随着国力的增强，政治、经济与文化的发展，楚人对玉的需求也逐渐增多，对玉的认识也在逐步深入。春秋中后期楚国已经有专门治理和掌管玉的官员——玉尹，包山楚简记载楚国设有玉府，专门管理和制造玉器。

战国时期，随着铁器的使用，生产力大爆发，人类认识也得到极大的发展，基本脱离了宗教束缚，进入历史理性的时代。在这一过程中，玉器的宗教神秘色彩也随之褪去，玉器的政治含义、美学价值则得到发展，并在此后的政治生活中占有特殊地位。卞和向楚王献玉璞，和氏璧与完璧归赵，以及秦始皇与传国玉玺等历史故事，均发生在这一权力纷争、势力割据、文化多元的历史背景之下。于是玉器从宗教法器演变为政治权力的象征，成为国家重器，被赋予了特殊的政治意义。同时，玉器作为古来已有的统治阶层意志和制度的标识物，在王权的推动下，被载入章法典籍，纳入国家合法化的符号体系当中。

（一）和氏璧的发现与起源

和氏璧不仅是古代的无双宝玉，其发现亦带有神秘色彩。和氏璧最早的出处，见于《荀子·大略》：“和之璧，井里之厥也，玉人琢之，为天子宝。”[①]随后荀子的学生韩非在其著作中对和氏璧的故事有详细记述：

> 楚人和氏得玉璞楚山中，奉而献之厉王；厉王使玉人相之，玉人曰：“石也。”王以和为诳，而刖其左足。及厉王薨，武王即位，和又奉其璞而献之武王；武王使玉人相之，又曰：“石也。”王又以和为诳，而刖其右足。武王薨，文王即位，和乃抱其璞而哭于楚山之下；三日三夜，泣尽而继之以血。王闻之，使人问其故，曰：“天下之刖者多矣，子奚哭之悲也？”和曰：“吾非悲刖也，悲夫宝玉而题之以‘石’，贞士而名之以‘诳’，此吾所以悲也。”王乃使玉人理其璞而得宝焉，遂命曰“和氏之璧”。[②]

韩非所言和氏，刘向《新序》则名曰卞和：“荆人卞和得玉璞，而献之荆厉王，使玉尹相之，曰：‘石也。’”[③]东汉蔡邕《琴操》亦名曰卞和。按我国上古时代，姓氏有别，战国时代以前，姓氏二分，姓以别婚姻，氏以明贵贱，故女子称姓，男子称氏。言和氏为卞和，当是战国以后姓氏合一的结果，卞和之姓为卞，氏为和，即为男性，因而称和氏，所献璧遂称“和氏璧”。[④]

虽然楚国并无厉王，且战国子书为夸饰其说，多有设寓之言，故有人以为卞和献玉并不可信，实为寓言家用以说明其“宝玉而题之以石，贞士

① （清）王先谦：《荀子集解》，中华书局1988年版，第508页。
② （清）王先慎：《韩非子集解》，中华书局1998年版，第95页。
③ （汉）刘向编著，石光瑛校释：《新序校释》，中华书局2001年版，第781～783页。
④ 龚维英：《和氏璧小考》，《社会科学辑刊》1988年第8期。

而名之以诳”的道理，但和氏璧在韩非之前，已成为天下知名的至宝，则是可以确认的事实。

（二）完璧归赵

战国后期，和氏璧流入赵国。关于和氏璧流入赵国的经过，学界颇多争议，但无论如何，战国后期的赵惠文王拥有了和氏璧，并引来秦昭襄王的觊觎，由此引发了著名的完璧归赵的故事。其事载于《史记》的《廉颇蔺相如列传》：

赵惠文王时，得楚和氏璧。秦昭王闻之，使人遗赵王书，愿以十五城请易璧。赵王与大将军廉颇诸大臣谋：欲予秦，秦城恐不可得，徒见欺；欲勿予，即患秦兵之来。计未定，求人可使报秦者，未得。宦者令缪贤曰：“臣舍人蔺相如可使。”王问：“何以知之？”对曰：“臣尝有罪，窃计欲亡走燕，臣舍人相如止臣，曰：‘君何以知燕王？’臣语曰：‘臣尝从大王与燕王会境上，燕王私握臣手，曰“愿结友”。以此知之，故欲往。’相如谓臣曰：‘夫赵强而燕弱，而君幸于赵王，故燕王欲结于君。今君乃亡赵走燕，燕畏赵，其势必不敢留君，而束君归赵矣。君不如肉袒伏斧质请罪，则幸得脱矣。’臣从其计，大王亦幸赦臣。臣窃以为其人勇士，有智谋，宜可使。”于是王召见，问蔺相如曰：“秦王以十五城请易寡人之璧，可予不？”相如曰：“秦强而赵弱，不可不许。”王曰：“取吾璧，不予我城，奈何？”相如曰：“秦以城求璧而赵不许，曲在赵。赵予璧而秦不予赵城，曲在秦。均之二策，宁许以负秦曲。”王曰：“谁可使者？”相如曰：“王必无人，臣愿奉璧往使。城入赵而璧留秦；城不入，臣请完璧归赵。”赵王于是遂遣相如奉璧西入秦。

秦王坐章台见相如，相如奉璧奏秦王。秦王大喜，传以示美人及左右，左右皆呼万岁。相如视秦王无意偿赵城，乃前曰：“璧有瑕，请指示王。”王授璧，相如因持璧却立，倚柱，怒发上冲冠，谓秦王曰：“大王欲得璧，使人发书至赵王，赵王悉召群臣议，皆曰‘秦贪，负其强，以空言求璧，偿城恐不可得’。议不欲予秦璧。臣以为布衣之交尚不相欺，况大国乎！且以一璧之故逆强秦之欢，不可。于是赵王乃斋戒五日，使臣奉璧，拜送书于庭。何者？严大国之威以修敬也。今臣至，大王见臣列观，礼节甚倨；得璧，传之美人，以戏弄臣。臣观大王无意偿赵王城邑，故臣复取璧。大王必欲急臣，臣头今与璧俱碎于柱矣！”相如持其璧睨柱，欲以击柱。秦王恐其破璧，乃辞谢固请，召有司案图，指从此以往十五都予赵。相如度秦王特以诈详为予赵城，实不可得，乃谓秦王曰：“和氏璧，天下所共传宝也，赵王恐，不敢不献。赵王送璧时，斋戒五日，今大王亦宜斋戒五日，设九宾于廷，臣乃敢上璧。”秦王度之，终不可强夺，遂许斋五日，舍相如广成传。相如度秦王虽斋，决负约不偿城，乃使其从者衣褐，怀其璧，从径道亡，归璧于赵。

秦王斋五日后，乃设九宾礼于廷，引赵使者蔺相如。相如至，谓秦王曰：“秦自缪公以来二十余君，未尝有坚明约束者也。臣诚恐见欺于王而负赵，故令人持璧归，间至赵矣。且秦强而赵弱，大王遣一介之使至赵，赵立奉璧来。今以秦之强而先割十五都予赵，赵岂敢留璧而得罪于大王乎？臣知欺大王之罪当诛，臣请就汤镬，唯大王与群臣孰计议之。”秦王与群臣相视而嘻。左右或欲引相如去，秦王因曰：“今杀相如，终不能得璧也，而绝秦赵之欢，不如因而厚遇之，使归赵，赵王岂以一璧之故欺秦邪！”卒廷见相如，毕礼而归之。

相如既归，赵王以为贤大夫使不辱于诸侯，拜相如为上大夫。秦亦不以城予赵，赵亦终不予秦璧。[1]

① (汉)司马迁:《史记》,中华书局1959年版,第2439~2441页。

这一段故事就是著名的完璧归赵，和氏之璧仍留在了赵国。成语“价值连城”“完璧归赵”由此而来。这个著名的故事，也使和氏璧与机智、勇敢、忠诚等中国传统人文价值联系起来，为和氏璧进一步增添了人文光辉。

（三）和氏璧与传国玉玺

秦昭王虽然未能得到和氏璧这一天下至宝，但随着秦一统六国，和氏璧最终为秦所有。李斯有“今陛下致昆山之玉，有随、和之宝”[①]之言。后世一般以为“随、和之宝”即为随侯珠、和氏璧。按李斯上书，事在秦王政十年，表明此时秦已拥有和氏璧，此后正史中再无和氏璧的记载。

秦始皇一统天下后，制乘舆六玺，东汉卫宏《汉旧仪》云：“玺皆白玉螭虎纽，文曰‘皇帝行玺’‘皇帝之玺’‘皇帝信玺’‘天子行玺’‘天子之玺’‘天子信玺’，凡六玺。皇帝行玺，凡封之玺赐诸侯王书；信玺，发兵徵大臣；天子行玺，策拜外国，事天地鬼神。玺皆以武都紫泥封，青囊白素里，两端无缝，尺一板中约署。皇帝带绶，黄地六采，不佩玺。玺以金银縢组，侍中组负以从。秦以前民皆佩绶，金、玉、银、铜、犀、象为方寸玺，各服所好。奉玺书使者乘驰传。其驿骑也，三骑行，昼夜千里为程。”[②]六玺之外又有传国玺，《史记·秦始皇本纪》记子婴投降刘邦：“子婴即系颈以组，白马素车，奉天子玺符，降轵道旁。”[③]《高祖本纪》所记相同，只是将“天子玺符”改为“皇帝玺符节”。[④]《汉书·元后传》亦云：“初，汉高祖入咸阳至霸上，秦王子婴降于轵道，奉上始皇玺。及高祖诛项籍，即天子位，因御服其玺，世世传授，号曰汉传国玺。”[⑤]

①（汉）司马迁：《史记》，中华书局1959年版，第2543页。

②（南朝宋）范晔撰，（唐）李贤等注：《后汉书》卷一二〇《舆服下》李贤注引，中华书局1965年版，第3673页。

③④（汉）司马迁：《史记》，中华书局1959年版，第275、362页。

⑤（汉）班固：《汉书》卷九八《元后传》，中华书局1962年版，第4032页。

传国玺自创制之后，成为中原王朝政治合法性的象征，被历代统治者视为至宝神器，其传承过程也充满神秘色彩。对于传国玺的来历，历来有两种说法。一说秦传国玺以蓝田玉制成，《玉玺谱》曰："传国玺是秦始皇初定天下所刻，其玉出蓝田山，丞相李斯所书，其文曰'受命于天，既寿永昌'。"[①]卫宏亦云："秦以前以金、玉、银为方寸玺。秦以来天子独称玺，又以玉，群下莫得用。其玉出蓝田山，题是李斯书，其文曰'受命于天，既寿永昌'，号曰传国玺。"[②]汉晋学者多作是语。一说传国玺以和氏璧制成，其说始自北魏崔浩，唐张守节作《史记》正义时引崔浩云："李斯磨和璧作之，汉诸帝世传服之，谓'传国玺'。"[③]唐张怀瓘《书断》亦云："始皇以和氏之璧，琢而为玺，命李斯书其文。"[④]

传国玺之文，文献记载亦有差异。今据史书所记，计有"受命于天既寿永昌""受天之命皇帝寿昌""昊天之命皇帝寿昌"，于是又有和氏璧研究者提出秦传国玺有两个版本，一为和氏璧版本，其玺文为"受命于天既寿永昌"；一为蓝田玉版本，其玺文曰"受天之命皇帝寿昌"。[⑤]

东汉时期是传国玺历史形象形成的关键时期。传国玺的重要性、神秘性在这一时期有充分体现。"传国玺"的名称直到东汉以后才正式见诸文献，而历代政权更迭也与传国玺的传承过程相关，由此产生了一系列的传奇故事。传国玺本来就带有君权神授的神秘性，而这些传奇的故事，更使传国玺蒙上神圣庄严、神秘莫测的面纱。

西汉时，刘邦所用斩蛇剑和刘邦自秦所受传国玺成为西汉王朝的象

①（南朝宋）范晔撰，（唐）李贤等注：《后汉书》卷一《光武帝纪》李贤注引，中华书局1965年版，第33页。

②（南朝宋）范晔撰，（唐）李贤等注：《后汉书》卷四八《徐璆传》李贤注引，中华书局1965年版，第1621页。

③（汉）司马迁：《史记》，中华书局1959年版，第228页。

④（宋）李昉等：《太平广记》卷二百零六《书一》，中华书局1961年版，第1573～1574页。

⑤ 王春云：《秦代传国玉玺揭谜》，《珠宝科技》2003年第5期。

征。王莽代汉建立新朝，向汉元后索取传国玺，汉元后无奈之下摔玉玺于地，传国玺从此缺失一角，后王莽用黄金修补。王莽败亡后，传国玺为校尉公宾所得并献给王宪，王宪被杀后，将军李松将玉玺送给更始帝。赤眉军攻占长安后获传国玺，立刘盆子为帝，建武三年（27年），刘盆子兵败，赤眉军投降，传国玺为东汉所有，代代相传。东汉末年大乱，袁绍引兵入宫尽诛宦官，汉少帝及陈留王被劫持出宫，经此一乱后传国玺下落不明。关东诸侯起兵讨伐董卓，孙坚屯兵于城南官署，于井中捞出了传国玺。后来传国玺又被袁术强夺，袁术兵败，玉玺复归汉，又入于魏。永嘉之乱，匈奴刘聪攻破洛阳，晋怀帝被俘，石勒灭前赵，传国玺归属石勒，再传冉闵，冉闵政权崩溃后，传国玺传入东晋。东晋以后，传国玺历经南朝诸帝，在侯景之乱后流入北方，为北齐开国皇帝高洋所获。此后传国玺在北齐、北周、隋唐等历代王朝中有序传承。

唐以后，传国玺的政治影响与地位逐渐衰退。五代十国时中原大乱，传国玺因后唐末帝李从珂自焚而失踪，从此下落不明。此后传国玺的踪迹时隐时现，十分神秘。宋、元、明、清时期，屡有献玺事件发生，但其真实性均遭质疑。自宋代以后，人文政治思想上升，冲击秦汉以来的传统天命观，导致传国玺再无从前的神秘光环，其政治作用与影响逐渐减弱，至清乾隆时期，传国玺作为传国重器的价值与功能已经基本不为主流社会所看重了。

可见，传国玺的真伪并不重要，重要的是历史上的中原帝王都极力追求获取传国玺，或者声称自己获得了真正的传国玺，并倍加珍藏，广为宣扬，由此来宣称本朝获得天命。在东汉至后唐时期，这一点尤为突出。在当时人看来，传国玺的传承路径虽然迂回曲折，却仍然具有比较清晰的来龙去脉，其真实性、神圣性不容怀疑。纵观传国玺的流转历程，在秦汉至后唐长达一千余年的漫长历史进程中，传国玺作为传国重器的神圣地位始终没有动摇，作为王权象征、天命标志的政治价值与功能也是始终如一。同时传国玺被赋予国家传承的重大政治意义，其基本的政治功能正是“传国”。透过传国玺在这一时期的流转传承路径可知，当时的人们认为，历史上的中原政权之间存在密不可分的前后传承关系，后一王朝是前一王朝的继承者，而传国玺正是这种政治继承关系的见证者。传国玺以实物的形态，承载了中国古人对国家形态的历史想象，将一千余年中所有中原王朝想象、凝聚为一个政治、历史、文化等各方面一脉相承的整体。宋代以后，传国玺的政治地位虽有下降，但是其影响仍然不容忽视。①

（四）和氏璧的文化价值

玉器在中国文化中具有特殊意义。史前时代玉器就被赋予宗教含义，成为具有神性的神物，是原始时代人类信仰的集中体现，是具有灵性的灵魂之石。玉器也在中华文明起源中发挥了重要作用，成为中华文明起源阶段的象征，学界有玉器时代之说。商周鼎革之后玉器成为周代礼乐文化的象征，春秋以后随着社会与文化的大变革，玉进一步人格化，成为“道德君子”的象征。秦统一后秦始皇制传国玉玺，自此玉器又成为大一统时代中原王朝的象征物，具有无可比拟的政治含义，并进一步演化为一切美好事物的象征。可以说，对玉器的爱好与信仰，一直是中华文化的重要特色。

楚国玉器在中国玉文化中占有重要地位。楚国拥有或邻近中国重要玉石产地，为楚国玉文化的发展提供了得天独厚的地理条件。楚国作为周朝的封国，在周文化的体系内发展出独具特色的楚国玉文化，楚墓中出土的数量极多的玉器，正是楚国玉文化发达的反映。楚国玉文化的代表，就是史籍中千古咏唱的和氏璧，它是中国玉文化中的无双

① 彭丰文：《九鼎、传国玺与中国古代政治传承意识》，《宗教信仰与民族文化》第九辑，社会科学文献出版社2016年版。

之宝。

和氏璧不仅是玉器中的无双之宝，而且自发现以来，就与中华人文精神紧密结合在一起。从一开始，和氏璧的发现就是一段充满悲剧性的传奇故事，它不仅是一块宝玉，更是与民族精神紧密结合在一起，是志士忠贞的象征。此后和氏璧的曲折经历和完璧归赵的故事，使得和氏璧的传奇更为深入人心，不仅与战国时代的政治军事紧密结合，成为时代的象征，更成为忠诚、智慧、勇敢的物理体现，这块天下无双的宝玉使这一切都染上了圣洁的光彩。入秦之后，和氏璧与传国玉玺的纠葛更使之染上了“天命”的神秘色彩，成为君权神授的象征。围绕传国玺的历史传说和政治想象，形成了中原政权一脉相承的历史关联性和政治继承性，这种政治传承意识塑造和维护了中国古代统一多民族国家在精神上的连续性和整体性，是中华文化绵延数千年而不曾中断的重要原因之一，和氏璧在中国文化中具有无与伦比的象征意义。

总之，有关和氏璧的典故已经浓缩成中华文化中的一个文化符号，成为民族心理历程和民族情绪的一段独特记忆，折射出中国人的精神态度、价值观和独特的思维方式。

楚　乐

楚国在建国八百年中，形成了独特的楚国音乐。政治经济中心位于江汉之域的楚国，是饭稻羹鱼的南国之乡，其风俗、文化包括音乐艺术有鲜明的特色。楚国音乐是楚文化的一个重要组成部分。楚国音乐在吸收中原音乐的基础上，又结合江汉地区悠久的巫乐传统，形成了巫风浓郁、热烈奔放的风格。在宽泛的意义上，楚乐有时又被称为"楚声""南音"，是长江流域音乐的重要代表。

一、楚乐与中华文化

楚乐是中国传统民族音乐重要的分支，是南方音乐和长江流域音乐的代表。楚乐也是荆楚音乐的一个阶段。楚乐的基本精神和最核心的乐理、乐律等，一直在荆楚大地传承，江汉平原及鄂西南地区现存的很多民歌及歌舞，实际上与楚乐有密切关系，这些民歌和民间歌舞成为楚乐的"活化石"。从这些"活化石"中可看到，楚国虽然灭亡了，但楚乐并没有完全消失，而是以多种形式或转化为某种特殊元素存在于荆楚音乐中，以及中国民族音乐中，影响着中华文化。

(一)楚乐概述

楚乐包括楚歌、楚舞及楚国音乐所特有的楚调及乐律。音乐与人的情绪,即喜怒哀乐有关。楚国的歌、乐、舞与祭祀有密切关系,楚国人“信鬼而好祠,其祠必作歌乐鼓舞,以乐诸神”。楚地巫风盛行,促进了楚国音乐的繁荣,同时也使楚国音乐极具个性。

1.荆歌楚舞,巫风浓厚

楚国早期的歌谣应有一些收录在我国最早的诗歌总集《诗经》里。《诗经》收录了周代以来一些诸侯国的歌谣,被称为“国风”。虽然《诗经》没有专列“楚风”,但是在《周南》《召南》里,应该有楚国的一些歌谣,因为“周南”“召南”的地域范围涉及江汉流域,这正是楚国兴起的区域。国学大师章太炎在《诗终始论》说:“二南,为荆楚风乐,故十五国《风》,不见荆楚。楚者,《周南》《召南》之声也。”

战国以来,楚国歌舞非常繁荣。西汉刘向在《新序》中记载宋玉答楚王曰:“客有歌于郢中者,其始曰《下里》《巴人》,国中属而和者数千人;其为《阳陵》《采薇》(应是传写有误,有版本作《阳阿》《薤露》),国中属而和者数百人;其为《阳春》《白雪》,国中属而和者,数十人而已;引商刻角(有版本作“羽”),杂以流徵,国中属而和者,不过数人;是其曲弥高者,其和弥寡。”这段著名文字,不仅提到楚国战国时期的流行歌曲,如《下里》《巴人》,也提到歌唱难度非常高的艺术歌曲,如《阳春》《白雪》,还有难度更高的,带有调式转变的歌曲,越是难度高的歌曲,能够唱和的人就越少。楚歌当然还有不少,《楚辞》中还提到一些,如《涉江》《采菱》《劳商》等。

真正能显示楚国歌、乐、舞一体的,是以《楚辞》中的《九歌》《招魂》和《大招》为代表的乐歌。这些乐歌,大多数是在楚国流行的可唱可舞的,当时南楚一带祭祀神鬼的歌曲,演唱时载歌载舞,巫风浓厚。在传承中其歌词经过屈原等文人的修饰。

楚国歌舞还有一大特色，就是以唱和著称。前面刘向在《新序》里已提到楚歌流行唱和的形式。一首歌，大家一起唱，是一种形式；一人唱，众人和又是一种形式；还有唱歌与伴奏相和，也是一种形式。《淮南子·说山训》记载，"欲美和者，必先始于《阳阿》《采菱》"。《阳阿》《采菱》均为楚国流行的歌曲。以楚辞歌舞为代表的楚乐，颇具浪漫主义色彩，名满天下，对后世影响深远。直到五六百年后的南朝时期，还在被人吟唱。西晋诗人左思《三都赋》中说："荆艳楚舞，吴歈越吟。"南朝末年的庾信《哀江南赋》言："吴歈越吟，荆艳楚舞。"这里的"艳"，都被注释为"楚歌"。

从楚辞中可看出，楚歌有一定的曲式结构。有的歌曲是一个曲调简单的重复，有的歌曲中带有"乱曰""少歌曰""倡曰"等。其中"乱"是最后对全曲音乐所做的一个总结，是音乐上的高潮。王逸《楚辞章句》说："乱，理也，所以发理词旨，总撮其要也。"带有"乱"的曲式对后世歌曲产生了重大影响。汉代的相和大曲是在相和歌的基础上产生的大型舞曲，在曲式结构上深受楚辞影响。大曲结构一般包括艳、曲子主体、趋或乱三部分，艳在曲之前，趋与乱在曲之后。艳如前所述，本指楚歌，在相和大曲里相当于乐曲的具有抒情性的序曲。音乐史家杨荫浏对相和大曲的这种结构做了分析："《大曲》除了像一般歌曲……有时又另外加进了华丽而婉转的抒情部分，叫作'艳'；又加进了紧张的快速的部分，叫作'趋'；有时也继承了春秋、战国以来已有的曲式，在末尾用一个带有结束性的'乱'。"①

2.独特精密的乐律体系

春秋中期以来，楚国音乐在吸收中原音乐的基础上，飞速发展。至战国时期，楚国形成了独特精密的乐律体系，音乐理论独树一帜。这从出土的编钟乐器和用来确定音高的器物就可看出。河南淅川下寺1号墓出土的敬事天王钟、2号墓王孙诰编钟和曾侯乙墓编钟，音域从一个八度可扩展到三个及五个八度，音列由四声到七声，正侧鼓双音构成由无序到小三度及至大、

① 杨荫浏:《中国古代音乐史稿》(上)，人民音乐出版社1964年版，第117～118页。

小三度，这些编钟乐理上的进步非常大。编钟早期主要用来表现节奏的功能，逐步变为用旋律表达细腻情绪的功能，并且能够旋宫转调，来演奏复杂音乐。楚国编钟音乐上的巨大进步，实际上是楚国乐理的进步和乐律的逐步精密。曾侯乙编钟钟体、钟架及钟挂钩上有3700多字，上面写着音阶、调名、乐律名等，这是研究曾国、楚国乐理、乐律的珍贵资料。

定音器物的考古发现，也证实了楚国乐律的精密性。曾侯乙墓出土了一件五弦器，有点类似琴、筝、瑟或筑等乐器，实际上这不是乐器，而是用来调节编钟音高的律器——均钟。[①]均钟作为律器，主要功能是规定标准音高。无独有偶，曾侯乙墓均钟出土8年后，在江陵雨台山21号战国楚墓出土了4件用竹子作的律管。这是我国迄今发现的最早的律管，律管上所书“新钟”“浊穆钟”“坪皇”等律名，与战国初期曾侯乙墓出土编钟上的律名相同。[②]

荆楚音乐史家杨匡民等人认为，楚国乐律体系“是以五度为框架、以三度为枢纽的一种混合律制乐律体系”。这种乐律体系，“不仅在当时的中国，而且在当时的世界上处于同学科的绝对领先地位”。[③]

（二）楚乐的流变及对中国文化的影响

1.楚乐对汉代文化的深刻影响

西汉的统治阶层以楚人为主，西汉在政体上大多承袭秦朝，但是，在文化上基本沿袭楚文化。有学者甚至认为“汉文化就是楚文化，楚汉不可分”[④]。从汉代音乐的特色来看，也是楚、汉不分家。西汉的统治阶层是以汉高祖刘邦（前206—前195）为首的楚人，而“高祖乐楚声”，统治阶层喜爱楚乐，影响所及，汉代音乐，无论是宫廷雅乐还是乐府采集的相和歌，都是以

① 黄翔鹏：《均钟考》（上、下），《黄钟》1989年第1、2期。

② 参见湖北省博物馆《湖北江陵雨台山21号战国楚墓》，《文物》1988年第5期；谭维四《江陵雨台山21号楚墓律管浅论》，《文物》1988年第5期；李纯一《雨台山21号战国楚墓竹律复原探索》，《考古》1990年第9期。

③ 杨匡民、李幼平：《荆楚歌乐舞》，湖北教育出版社1997年版，第303～310页。

④ 李泽厚：《美的历程》，中国社会科学出版社1989年版，第66页。

楚歌、楚调及楚舞为主体，然后兼杂战国其他诸侯国的音乐。《汉书·礼乐志》说：“高祖乐楚声，故《房中乐》楚声也。”这里的“房中乐”是用于祭祖、燕飨宾客的一种宫廷雅乐。

据《史记·高祖本纪》记载，汉高祖十二年（前195年），刘邦61岁，在老家沛县（今江苏沛县）与故老乡亲聚会饮酒时，一边击筑，一边唱出了著名的楚声歌曲《大风歌》：“大风起兮云飞扬，威加海内兮归故乡，安得猛士兮守四方！”以后，这首《大风歌》就在汉朝的乐府里经常演唱。同年，因为立太子的事，刘邦心情不好，曾对戚夫人说：“为我楚舞，吾为若楚歌。”[①]

另外，汉代琴曲创作颇为兴盛，出现一些高超琴家和一批传世名曲。这些琴曲很多都取材于汉代的相和歌与相和大曲，充满楚调特色，如《广陵散》《碣石调·幽兰》等。《广陵散》又名《广陵止息》，唐代人指出它为“楚汉旧声”，为楚调琴曲。南朝齐诗人王融诗云：“楚调广陵散，瑟柱秋风弦。”《碣石调·幽兰》原是著名楚地民歌，改成琴曲后被赞为“妙绝楚调”。有幸的是，《碣石调·幽兰》的文字琴谱至今仍存，于唐人的手抄卷子中发现，现收藏于日本。

2.魏晋南北朝时期

魏晋南北朝是中国的大动荡时期。南北方政权动荡、更迭不已。中原王朝，东晋、宋、齐、梁、陈南迁建邺（今江苏南京），经济、文化中心也随之南移，音乐风格也逐渐发生了变化。汉、曹魏时期的相和歌（所谓“中原旧曲”）和东晋以后南方的音乐，被后世称为“清商乐”，是“华夏正声”。

（1）荆楚西曲。

在清商乐的发展过程中，影响最大的是长江下游的“吴歌”和长江中游的“西曲”。南宋郭茂倩编著的《乐府诗集》引《古今乐录》说：“西曲歌出于荆、郢、樊、邓之间，而其声节送和与吴歌亦异，故依其方俗而谓之西曲云。”可见西曲产生于江汉地区。由于该区是楚国的中心地区，西曲必然受楚乐的影响，应是楚乐的流变性产物。

①（汉）司马迁：《史记》，中华书局1959年版，第2047页。

据《乐府诗集》所引《古今乐录》记载，西曲歌有《石城乐》《乌夜啼》《莫愁乐》《估客乐》《襄阳乐》《江陵乐》等三十四曲。其中，《石城乐》《乌夜啼》《莫愁乐》等同时也是歌舞曲。

(2)楚调乐府歌的传唱。

除了西曲外，汉代流传下来的具有楚调风格的楚乐歌仍在被演奏和演唱，一些文人(包括一些皇帝)根据相和楚调填写新词，传承楚声。也就是说，楚调乐歌仍是南朝音乐的重要组成部分。《乐府诗集》共收录了汉魏及南朝间的楚调曲词四十八首，如《白头吟》《泰山吟》《梁甫吟》《怨歌行》等。这些乐歌的歌词有些是汉代人传下来的，更多的是魏晋至南朝时人们据原来的楚调重新填词而成，其中填写新词的人有曹操、曹植、诸葛亮、陶渊明、陆机、沈约、鲍照、梁简文帝等。如陆机《泰山吟》中就有“长吟泰山侧，慷慨激楚声”之句。

3.隋唐时代楚乐之遗音

隋朝完成了中国的大一统，但是国祚短，后被唐朝取代。唐朝是中国历史上强大的王朝，文化上充满开放和包容精神。从音乐角度看，唐乐吸纳了大量西域音乐。尽管如此，汉魏以来的“华夏正声”，包括楚乐，也仍然在唐乐中占有一席之地。据《旧唐书》记载，唐初祖孝孙作《大唐雅乐》：“孝孙以陈、梁旧乐杂用吴、楚之音，周、齐旧乐多涉胡、戎之伎，于是斟酌南北，考以古音，作《大唐雅乐》。”

(1)琴曲保留楚调最多。

从现今文献来看，唐代对琴曲保存、继承和发展较多，而很多琴曲与楚乐、楚调有关。唐代杜佑《通典·乐》记载：“自周、隋以来，管弦杂曲将数百曲，多用西凉乐，鼓舞曲多用龟兹乐，其曲度皆时俗所知也。唯弹琴家犹传楚、汉旧声及清调、瑟调，蔡邕五弄、楚调四弄调，谓之‘九弄’，雅声独存。”

晚唐古琴大师陈康士对具有楚风的琴乐做出了巨大贡献。他创作了很多琴曲，其中《离骚》琴曲(见于明代的《神奇秘谱》)是他最有影响力的作品，该琴曲体现了楚商调式的音乐特点。著名音乐史家黄翔鹏说："晚唐的陈康士作琴曲《离骚》，采用了'楚商'调，说明至迟在晚唐时，'楚商'是被认为可以代表战国之楚声的。"①

(2)巴楚地区竹枝曲的流播及广泛影响。

唐代盛行于渝东、鄂西及湘西北交界地区，有浓郁巴、楚风格的民歌"竹枝曲"(或称"竹枝歌""竹枝词")，在被诗人刘禹锡(772—842)介绍后，风靡一时。竹枝曲最早盛行的区域，历史上是巴、楚交错之地，即所谓"巴山楚水"之域。巴人音乐与楚人音乐有很多共同之处，所以竹枝曲可以看作是楚乐的流变。在一般人看来，竹枝曲既是巴曲，也可说是楚曲。刘禹锡《竹枝词》曰："楚水巴山江雨多，巴人能唱本乡歌。"宋代大词人苏轼在其《竹枝歌(并叙忠州作)》说："竹枝歌本楚声，幽怨恻怛，若有所深悲者……"

竹枝词由于不太受严格的平仄等诗律限制，语言质朴自然，且易入乐入歌，得到众多唐代诗人的追捧。不仅如此，唐之后的众多文人也爱写竹枝词。南宋时杨万里在夜间行船时听到船夫唱《竹枝曲》："张哥哥，李哥哥，大家着力一齐拖。一休休，二休休，月子弯弯照九州。"杨评价该曲："其声凄婉，一唱众和。"宋代以来，竹枝词已从一个区域性的民歌体裁，转变为经久不衰的全国性诗歌体裁。竹枝词的歌唱内容，也从早期的歌咏爱情及悲怨情绪，变为吟咏名胜古迹和风土人情。

4.宋元以来，楚调对戏曲的影响

宋元以来，随着城市的扩展和市民经济的发展繁荣，依声填词的曲子、诸宫调及戏曲(包括元代的杂剧)等艺术蓬勃发展起来。明代湖北地区的地方戏曲也颇受影响。明清以来湖北的地方戏，受武汉及鄂东南地区(与安徽、江西接壤)的影响较大。武汉的戏曲可称为"汉调"，为汉剧前身。汉调的主要唱腔是西皮。西皮虽起源于陕西、甘肃一带的秦腔，但经过襄阳及武汉民间曲调的地方化改造，已经成为名副其实的"楚调"或"楚腔"，并随着武

① 黄翔鹏:《释"楚商"》,《文艺研究》1979年第2期。

汉经济的发展，风靡长江流域。

乾隆末年，随着四大徽班（主要由安徽艺人组成的四个戏班，三庆、四喜、春台、和春）陆续进京献艺，徽调（主要是二黄腔）和鄂籍伶人唱的汉调西皮开始合流，形成所谓“班曰徽班，调曰汉调”和“京师尚楚调”的局面。二黄腔和西皮腔的逐渐合流，导致一个新剧种的产生，即后来的国剧——京剧。由于京剧以皮黄腔为主，所以有时以“皮黄”来指称京剧。京剧形成过程中，除了程长庚等徽籍艺人的贡献外，鄂籍艺人米应先（米喜子）、余三胜、谭鑫培等，也对京剧的形成做出了巨大贡献。尤其是京剧“新三派”之一的谭鑫培，有“无腔不学谭”“四海一人谭鑫培，声名卅载轰如雷”等至高赞誉。他不仅在京剧唱腔上，而且在京剧语音上，都为京剧的最终形成做出了关键性贡献，以湖广音兼夹京音规范了京剧的语音。京剧的形成，与明清以来形成的楚腔汉调密不可分，这也可看作后世衍化的楚乐对中国戏曲音乐所做出的特殊贡献。

二、发现楚乐器

从《左传》《楚辞》等典籍中，我们可以看到，先秦时期的楚音乐繁复美艳，巫风浓郁，独树一帜；从楚墓及楚系墓（如曾侯乙墓）出土的大量各类乐器，也证明了文献所载不虚。由于关于楚乐的文献记载很少，楚乐主要通过出土乐器及其所表现的乐理来加以陈述。

（一）金石之乐

金石类组合是指青铜乐钟和石磬的组合。青铜乐钟包括甬钟、钮钟和镈钟，磬指石磬。该类组合是王、诸侯及高级贵族才能拥有的，所奏音乐被称为“金声玉振”，“金”指青铜乐钟，“玉”指玉石，即石磬。2008年北京奥运会颁奖仪式的音乐，就是用的曾侯乙编钟原声，加上石磬等乐器之音，极具中国特色。

三种青铜乐钟形制大体相似，但是在音乐的功能上有一定区别。

甬钟、钮钟和镈钟都是合瓦形，都有“一钟双音”的功能，这是它们一致的地方。甬钟和钮钟的主要区别是，甬钟舞的上面有一个长柄的甬，用来悬挂，而钮钟舞的上面用来悬挂的是钮状物，所以称为钮钟。钮钟一般比甬钟小巧很多。镈钟和甬钟、钮钟相比，最大的不同是镈钟的于口是平的，可以平放在平面上，而不像后两者，因于口有弧度而不能和平面平齐。另外，镈钟一般比甬钟还要大，且装饰比较繁复，也是钮状物悬挂。由于镈钟体形大，声音浑厚低沉，所以往往承担低音区功能。

石磬。至少在距今4000年至5000年的新石器时代，我国就已经出现石磬。夏商时期的石磬也屡有出土。自西周晚期起，石磬大多呈倨勾形，制作比较精细。《周礼·考工记》对石磬的制作做了细致描述，并对其调音方法做了叙述。

1.楚国西周时期的甬钟

（1）宜昌万福垴楚季编钟。万福垴遗址是一处大型周代聚落遗址。遗址可分为三期，年代分别为西周晚期、春秋早期、春秋中期。2012年，宜昌万福垴遗址出土甬钟12件，其中一件甬钟（编号TN03E20：1）钲部还刻有“楚季宝钟，厥孙乃献于公，公其万年受厥福”。由于甬钟是施工时被发现，已失去原始埋藏背景，发掘者根据其大致出土位置，将其归入探方TN03E20内。万福垴甬钟形制不完全相同，发掘者将12件甬钟分为A、B、C三型，其时代在西周中期至西周晚期早段，要早于楚公逆编钟。[1]这12件钟形制纹饰不同，对其是否属于演奏时的同一套存有疑问。目前关于该套编钟的音乐性能数据还未公开，故对其音乐方面的论述暂缺。

① 湖北省文物考古研究所等：《湖北宜昌万福垴遗址发掘简报》，《江汉考古》2016年第4期；黄文新、赵芳超：《湖北宜昌万福垴遗址出土甬钟年代及相关问题研究》，《江汉考古》2016年第4期。

(2) 楚公逆编钟。楚公逆一般认为是西周晚期楚君熊咢。1993年山西曲沃北赵晋侯墓地M64出土了8件楚公逆钟,均为甬钟。[①]

8件形制大致相同,大小基本相次,均有铭文。甬钟呈合瓦形,钟上有36个枚。西周晚期中原地区的编钟常见有8件一套,因此这8件甬钟也被视为一套。但是从形制上看,有2件钟偏小(编号为M64:98、99),似乎不是一套。另外,这2件甬钟的铭文与前6件不同,前6件铭文内容均与楚公逆有关,因此这2件最小的甬钟应是为了达到8件的成数用来凑数的。楚公逆钟早在宋代就曾被发现一件,并有著录,晋侯墓地出土的楚公逆编钟,证实了宋代出土的逆钟的真实性。

(3) 楚公冢钟。传世的楚公冢钟共有4件,其中3件藏于日本泉屋博古馆[②],1件下落不明。1998年陕西扶风召陈村又出土1件。该钟是窖藏出土,合瓦形,钟壁厚重。钲间、篆间和舞部内外有阳纹界格,篆间饰龙纹。右鼓部饰有鸟纹,但鸟嘴似鸭嘴,与周器鸟纹稍有异。钟通高33.4厘米,重量8.7千克。钲间有铭文,共2行17字,为“楚公冢自作宝大亩龢(和)钟孙孙子子其永宝用”。[③]楚公冢一般认为是楚公逆的儿子熊仪。

陕西扶风出土的楚公冢钟保存较好,且能敲击发出清晰乐音,表明当时的工匠在铸造时已经对钟音有较好把握。右鼓部的小鸟纹饰是侧鼓音的标志。

以上这些编钟的出土,表明西周中、晚期,楚国已经有了青铜编钟,也有了礼乐制度。当然总体上看,楚国西周时期的编钟,主要是模仿、学习中原地区,无论在形制还是乐理上,都是如此。但是,在一些纹饰上,如楚公冢钟上的一些纹饰,有不同于中原的地方,表明楚国已有自己的青铜铸

① 李夏延、张奎:《天马——曲村遗址 北赵晋侯墓地第四次发掘》,《文物》1994年第8期。

② [日]广川守:《泉屋博古:中国古铜器编》,便利堂株式会社2002年版。

③ 罗西章:《陕西周原新出土的青铜器》,《考古》1999年第4期。

造业。

2.东周时期楚国的乐钟和石磬

中原地区，钮钟比甬钟和镈钟出现得要晚，西周晚期才出现。春秋时期，楚国也出现了钮钟。春秋中后期，具有浓郁区域特色的楚文化形成，其乐钟形制及乐理也表现出楚国特色。

楚墓（附属国墓）出土编钟、编磬表

时代	墓葬	出土乐器	墓主身份等级
春秋时期	淅川下寺M1	钟（钮钟9件），磬，石排箫	大夫
	淅川下寺M2（王孙诰墓）	钟（甬钟26件），磬	卿（或上大夫）
	淅川下寺M10	钟（钮钟9件，镈8件），磬	大夫
	淅川和尚岭M2	钟（钮钟9件，镈8件），磬	大夫
	淅川徐家岭M3	钟（钮钟9件，镈8件），磬	大夫
	淅川徐家岭M10	钟（钮钟9件，镈8件），磬	大夫
	淅川徐家岭M11	钟（11件，种类不详），磬	大夫
战国时期	信阳长台关M1	钟（钮钟13件），鼓，瑟	大夫
	江陵天星观M1	钟（钮钟4件，被盗，应有22件），磬，鼓，瑟	封君
	江陵天星观M2	钟（钮钟22件，镈10件），磬，鼓，瑟，笙	封君夫人
	枣阳九连墩M1	钟（甬钟12件，钮钟22件），磬，鼓，瑟，笙，篪，十弦琴，五弦琴，舂牍，雅	大夫
	枣阳九连墩M2	钟（钮钟11件），磬，鼓，瑟（附瑟座），篪，排箫，笙，舂牍，雅，柷	大夫
	安徽寿县楚幽王墓	编钟（数目、种类不详），被盗	楚王

（二）瑟、琴

瑟、琴都是置弦的弹拨乐器，属于八音中的丝类，是周代较为常见的乐器。《诗经》有“窈窕淑女，琴瑟友之”的诗句。琴、瑟都有共鸣箱，都有若干弦，形制有类似地方，但是两者音乐性能不同。瑟一弦一音；琴则利用按音，一弦可奏多音。瑟音大而琴音弱，所以琴更适合独奏。

发掘的楚墓中，琴出土的很少，瑟却较多。在楚国，似乎瑟要远比琴流行，《楚辞》中也只见瑟的记载。但据《左传》记载，楚国的钟仪（出身音乐世家）被俘虏送往晋国时，因弹得一手好琴，且不忘楚乐而被释放，说明楚国琴、瑟具备。湖北当阳赵巷4号春秋墓出土的两件瑟，是迄今为止年代最早的瑟。[①]

曾侯乙墓中出土的瑟有12件，均为二十五弦，琴却只有1件，有十弦（另有1件类似五弦琴，是否是琴还有争议）。湖北枣阳九连墩出土有战国中期的十弦琴。另外荆门郭店出土1件七弦琴，与曾侯乙墓十弦琴形制相近。[②]先秦出土的琴的形制与唐代流传下来的琴不同，前者为“半箱式”，后者则为“全箱式”。

楚国的瑟通常与钟、磬、竽、鼓等乐器组合演奏，主要用于礼仪活动中；琴有时与瑟等合奏，但更多用于独奏。由于常用于独奏，琴逐渐成了文人雅士修身养性的乐器，成为士人应掌握的基本技能之一。《白虎通》云：“琴者，禁也，所以禁止淫邪，正人心也。”《风俗通》云：“君子所常御者，琴最亲密，不离于身。”瑟自唐宋以来民间基本绝迹，主要用于宫廷音乐，琴却在民间越来越普遍，应与两种乐器的发音机制不同有很大关系。2003年，古琴艺术被联合国教科文组织批准列入“人类口头和非物质遗产代表作”名录。

（三）鼓

楚墓出土的鼓种类多样，大致可分为建鼓、悬鼓、鼙架、有柄架、鼗鼓和

---

① 高应勤、余秀翠、卢德佩：《湖北当阳赵巷4号春秋墓发掘简报》，《文物》1990年第10期。

② 王传富、汤学锋：《荆门郭店一号楚墓》，《文物》1997年第7期。

铜建鼓座(湖北省博物馆　供图)

此建鼓座是承插建鼓的底座,由8对大龙簇拥着中心圆柱,大龙身上盘绕着数十条小龙。现藏于湖北省博物馆

木鹿架鼓(该种鼓也可划为木质乐器类)等,其中虎座鸟架鼓极富楚文化特色,是辨别是否为楚墓的标志性器物之一。

虎座鸟架鼓是一种悬鼓,出土时,虎座鸟架鼓一般与瑟等乐器放在一起。这种鼓形体扁圆,悬挂于两鸟之间,两鸟尾巴以榫卯相连,分别立于虎背之上。虎座大而底平,使整个鼓的重心很稳,避免在敲击悬鼓时倾倒。虎座鸟架常以彩漆描绘,整个乐器美丽奇特,是典型的楚器。

(四) 笙和竽

"八音"中的"匏"音之属,指的是笙和竽。《楚辞》中说"陈竽瑟兮浩倡";《诗经·小雅·鹿鸣》中有"我有嘉宾,鼓瑟吹笙。吹笙鼓簧,承筐是将"。"簧"是笙苗管中的簧片。战国时期竽很流行,成语"滥竽充数"就出自该时期的一个故事。

笙和竽都是带"匏"(葫芦)的乐器,两者的做法都是把葫芦去掉瓜瓤与籽,形成所谓的"斗"(后来又有木斗和青铜斗),然后在斗中插入竹子做的苗管,苗管上有手指可以按的响眼(出音孔),苗管内有可以震动的簧片(一般由竹片做成)。笙和竽的区别在于苗管的数量不同,竽的苗管要多些。笙又被称为"巢"或"龢(和)",《尔雅·释乐》说:"大笙谓之巢,小者谓之和。"

笙在演奏时,由笙嘴吹气,气流使簧片产生振动,再由簧片带动管内空气柱与其产生共振、共鸣,从而发出声音。笙属气鸣乐器,簧管配合,一管一音。

目前年代最早的笙出自楚墓。湖北当阳曹家岗春秋晚期楚墓出土有两件残存的笙斗。笙斗由瓠制成,瓠的直柄做吹嘴,瓠斗上有两排管孔,每排8孔,共计16孔。该笙应是16管的笙。[①]战国早期曾侯乙墓出土笙6件,管苗均呈两行排列,分18、14、12管三种,内置芦竹簧片。尤其让人惊奇的是,簧片上还残存有蜡状物。蜡状物是用来调节音高的,这正是沿用至今的点簧

① 赵德祥:《当阳曹家岗5号墓楚墓》,《考古学报》1988年第4期。

工艺。可见楚国的制笙和吹笙技艺非常高超,《七国考·楚音乐》引《阚子》说“楚笙冠中国”,看来不是虚传。

(五)篪

篪(chí)是我国古代一种管乐器。《诗经·小雅·何人斯》:“伯氏吹埙,仲氏吹篪。”《楚辞》曰:“鸣篪兮吹竽。”《尔雅·释乐》郭璞注:“篪以竹为之。长尺四寸,围三寸,一孔上出,寸三分,名翘,横吹之,小者尺二寸。”唐代杜佑《通典》引蔡邕《月令章句》:“篪,竹也。六孔,有距,横吹之。”宋代陈旸《乐书》说:“篪之为器,竹为之,有底之笛也,横吹之。”篪与当今的竹笛相似,但“篪”的吹孔与指孔(发音孔)朝向成90度,演奏时为横吹,双手同向且手心向内演奏,而吹笛则是双手相对且手心向下。

曾侯乙墓出土两支“篪”,用竹管做成,器形、纹饰基本相同,大小相近,通体髹漆彩绘。从保存较完整的一支来看,竹管首尾两端封闭,形成所谓的“底”,另一支尾端开口,应是腐烂所致。竹管一端设吹孔,一端设出音孔,另外有5个指孔。①

竹篪(图片来源:视觉中国)

1978年湖北省随州市擂鼓墩曾侯乙墓出土。曾侯乙墓出土的篪为考古首次发现篪的实物,均以竹管制成。现藏于湖北省博物馆

(六)箫

先秦时期的箫是指排箫,而不是现在的洞箫。②箫是古代的一种竹制乐

① 湖北省博物馆:《曾侯乙墓》,文物出版社1989年版,第174~175页。
② 现代的箫,单管竖吹,又称“洞箫”。

彩漆排箫（湖北省博物馆　供图）

1978年湖北省随州市擂鼓墩曾侯乙墓出土。此排箫是目前出土年代最早的竹制排箫。现藏于湖北省博物馆

器，由长短不同的竹管编连而成。长管是低音，短管是高音，由高音到低音，依次排列。杜佑《通典》中引用蔡邕的话说："箫，编竹，有底。大者二十三管，小者十六管。长则浊，短则清。以蜜蜡实其底而增减之，则和。"箫也被称为"籁"，由于竹管"参差不齐"，又被称为"参差"。楚辞《九歌·湘君》曰："望夫君兮未来，吹参差兮谁思！"汉代许慎《说文解字》中云："箫，参差管乐，象凤之翼。从竹，肃声。"

河南淅川下寺1号墓出土1件玉石做的排箫，时代为春秋晚期。玉石排箫有十三个吹管，用一块完整的汉白玉制成。管壁厚1毫米，管与管的间隔不到1毫米。最长的吹管长15厘米，最短的吹管只有3厘米。玉石排箫出土时，有三处损伤，经修复，除第七管因口部残破，不能发音外，其余十二个管都能发音。[①]

（七）筑

筑是战国至秦汉时期较为流行的民间乐器，是一种击弦乐器。《战国策》云："临淄（今山东省淄博市）甚富且实，其民无不吹竽、鼓瑟、击筑、弹琴、斗鸡……"《说文解字》中记载："筑，以竹曲，五弦之乐也。从竹，从巩。巩，持之也。竹亦声。"[②]筑这一乐器，可能与两则著名历史故事有关。一是荆轲要刺杀秦始皇，高唱"风萧萧兮易水寒"，高渐离送别并击筑相和，后来高渐离也寻机靠近秦始皇，用灌满铅块的筑击杀他。二是汉高祖刘邦经过故乡沛县，和父老乡亲相聚，击筑而唱《大风歌》。

从文献描述和出土实物来看，筑以木制胎，有五弦，大头，圆肩，细颈。头部由整木剜制，形成半箱式共鸣箱，与筝相似。细颈即长柄，为上

① 赵世纲：《淅川石排箫》，《乐器》1982年第6期。

② 音乐史家黄翔鹏认为，"以竹曲"应为"似筝"之讹。结合出土实物及文献，如《旧唐书·音乐志》记载："筑，如筝，细颈，以竹击之，如击琴。"杜佑《通典·乐四》记载："筑不知谁所造也，唯云高渐离善击筑，汉高祖过沛所击。《释名》曰：'筑以竹鼓之也，似筝，细颈'。"可见黄氏所言甚是。参见黄翔鹏《秦汉相和乐器"筑"的首次发现及其意义》，《考古》1994年第8期。

棱下圆的长条形状。击筑时，一只手握长柄，另一只手用竹片或木棍击弦。

目前，楚地出土的战国至秦汉间的筑有：1988年，河南固始白狮子13号战国楚墓出土残筑1件，器形小，应为明器①；长沙马王堆3号墓出土了1件明器筑②；长沙望城坡西汉渔阳墓出土3件实用筑和1件明器筑③。

三、发现曾侯乙编钟

曾侯乙编钟出土于曾侯乙墓，该墓又称擂鼓墩1号墓，于1978年5—6月发掘完成。曾侯乙墓分北、东、中、西四室，出土文物共一万五千多件，包括青铜礼器、乐器、兵器、车马器、甲胄、生活用品及竹简等。曾侯乙墓是20世纪中国最重大的考古发掘之一，正如曾侯乙墓发掘方案的制定者及主要发掘者之一郭德维先生的总结，曾侯乙墓的发现在许多方面都是空前的：木椁规模巨大，有精美的青铜礼器110多件，且多为又大又重的“重礼器”，有编钟、编磬等8种124件乐器，有兵器4700多件，各类器具用青铜总重达10.5吨，此墓各类器物上的文字共有12600多字，等等。④这些发现对于研究历史、制度、科技、工艺、艺术（音乐、绘画及雕塑等）都有巨大作用。曾侯乙墓收获之巨，不胜枚举。据器物和铭文推断，曾侯乙墓时代为前433年左右，为战国早期墓葬。

乐器主要出土于中室，有大型编钟，钟类包括甬钟、钮钟及镈钟等；有石质编磬32件；还有漆瑟7件、笙4件、排箫2件、篪2件、小鼓2件。中室简直像是个大型“地下音乐厅”。东室除了有主棺，也出土了一些乐器，包括

① 赵世纲：《中国音乐文物大系·河南卷》，大象出版社1996年版，第138页。

② 湖南省博物馆、湖南省文物考古研究所：《长沙马王堆二、三号汉墓》，文物出版社2004年版，第182页。

③长沙市文物考古研究所、长沙简牍博物馆：《湖南长沙望城坡西汉渔阳墓发掘简报》，《文物》2010年第4期。

④ 郭德维：《曾侯乙墓发掘亲历记》，《武汉文史资料》2009年第2期。

曾侯乙编钟(湖北省博物馆　供图)

1978年湖北省随州市擂鼓墩曾侯乙墓出土。编钟钟架长748厘米、高265厘米,全套编钟共65件。现藏于湖北省博物馆

漆瑟5件，五弦、十弦琴各1件，小鼓1件，笙2件。

曾侯乙编钟共65件乐钟，分上中下三层，有次序地悬挂在曲尺形的大钟架上，钟架古称“簨簴”（sǔn jù）。其中，甬钟45件，钮钟19件，镈钟1件。45件甬钟，摆在中下层，中层33件，下层12件，依钟枚可分4类：无枚甬钟、短枚甬钟、长枚甬钟和大型长枚甬钟。无枚钟12件，位于中层第二组；短枚甬钟11件，位于中层第一组（中层最左边）；长枚钟10件，位于中层第三组（中层最右边）。大型长枚甬钟12件，位于下层，其中下层第一组3件、下层第二组9件。下层甬钟形大体重，最大的一枚高153.4厘米、重203.6千克。下层第二组的中间放置1件镈钟，该镈钟是楚惠王赠送给曾侯乙的。钮钟共19件，分为3组，位于整架编钟的最上层。第一组6件，第二组6件，第三组7件。最小的钮钟通高20.2厘米、重2.4千克；最大的通高39.9厘米、重14.4千克。每组的甬钟和钮钟，都是形制相同，大小相次。编钟钟体上有2828个铭文，加上钟架、钟钩上的927个铭文，总数达3755字。这些铭文是研究我国战国乃至东周时期音阶、音律、调式、调性及旋宫转调极为重要、珍贵的资料，是古代音乐理论的宝库。

曾侯乙编钟出土后，考古、科技及音乐界的学者对它进行了一系列的研究和测定。从音乐上看，这套编钟虽然在地下水中浸泡了2400多年，仍然音阶准确、音域宽广、音色优美。整套编钟的音阶结构，和现代国际通用的C大调七声音阶音列相同，音域达五个八度又一个大二度，比现代钢琴仅两端各少一个八度。在相当于人声最美最富表情的三个半八度音区范围内，有着完整的十二半音阶。该编钟不但可以旋宫转调，还可以用来演奏现代多声部的复杂音乐作品。

曾侯乙编钟连钟架在内高达2.7米，重5吨有余，是目前我国出土的规模最大、钟数最多的编钟，是名副其实的编钟之王。它是世界音乐史上空前的重大发现，被人称为“世界第八大奇迹”。它是中国青铜乐钟的巅峰之作，是我国优秀民族音乐的宝贵财富，也是极其珍贵的文化遗产。

四、千古绝响今又鸣

（一）中国青铜乐钟的“一钟双音”

考古发掘出土的商周乐钟，大多为合瓦形腔体，以青铜铸造而成，这在世界音乐史上是独一无二的。这种合瓦形结构的乐钟，和现代寺庙、教堂等地常见的钟不同，现代钟基本上是圆柱形的圆形钟。然而，相比圆形钟，先秦时代特有的合瓦形钟却是中国古人极伟大的发明。圆钟虽然音色绵远悠长，但仅能演奏单音。根据声学物理，圆形钟的腔体结构是一个轴对称结构，不论敲击任何点，声音的基音（对应钟的基频）都是一样的[①]，合瓦形的青铜乐钟却是一钟双音，令人惊叹！

所谓“一钟双音”，不是说敲钟时可以同时发出两个音，而是指敲击钟的正鼓部时，发出一个音，称之为“正鼓音”；敲击钟的侧鼓部（一般是敲击右鼓部，正鼓部和右鼓部往往标有纹饰，作为撞击点的标志）时，又可发另一个音，称之为“侧鼓音”。正鼓部和侧鼓部分别发出一个音，这两个音不是杂乱无序的，而是要符合一定的乐理，正鼓音与侧鼓音之间具有规律性的音程关系，一般是大三度或小三度的关系。现代声学和物理学能够很容易解释这种钟的声学原理，但是，对于几千年前的中国先人来讲，这应该是中国音乐工匠在长久的实践中发现的，是商周时期中国工匠伟大的发明。

“一钟双音”技术的发展经过了漫长的实践。开始是乐师发现了乐钟的自然双音，后来发现，通过锉磨钟腔内壁，可以调节钟的乐音，于是慢慢发展到了通过调音来产生符合当时观念的乐声。至迟在西周中晚期，双音钟技术就发展成熟了，但是这一技术自汉代就已失传，一直不为人所知。清代人对“一钟双音”有极为模糊的认识，直到20世纪70年代末，才对“一钟双

① 王大钧、陈健、王慧君：《中国乐钟的双音特性》，《力学与实践》2003年第4期。

音”技术有所认识。黄翔鹏先生写成《新石器和青铜时代的已知音响资料与我国音阶发展史问题》一文，并大胆提出先秦乐钟有一钟双音现象。该文发表在《音乐论丛》1978年第1辑和《音乐论丛》1980年第3辑上。他的观点当时并没有引起太大反响，甚至引来质疑。颇有意思的是，文章写成的次年，即1978年，曾侯乙编钟发掘出土。对曾侯乙编钟的音乐学、声学研究，证实了青铜乐钟确实具有双音特性，也证实了黄先生的卓识。音乐界这才真正发现双音技术这一失传已久的伟大发明。曾侯乙编钟的出土和研究，才使中国编钟“一钟双音”的伟大发明被世人所认识。钟的正鼓部位和侧鼓部位分别标有不同音调，经科研人员测音证实，这些音调正是“一钟双音”的标志。

（二）音乐艺术与技术的完美结合

夏商周三代是中国的青铜时代，青铜器在三代社会中有着极为重要的地位。这些青铜器中，最重要的就是青铜礼器鼎、青铜乐器钟。从铸造技术来看，乐钟的铸造和制作难度实际上要远高于鼎等青铜重器。可以毫不夸张地说，曾侯乙编钟是技术和艺术完美的结合，乐钟的铸造技术是中国工匠高超智慧的表现之一。

1.钟体设计与物理声学

古代工匠已认识到，乐钟的形状、钟体的厚薄及青铜合金的配比等，都会影响音响效果，都与音调、音频有密切关系。古代工匠发现，钟的音频与铣长关系密切，铣长是乐钟的基准尺度，其他部位如铣间距离、钲部长度、鼓间的距离、鼓部的厚度等，都与铣长有一定的比例关系，这些关系确定了，钟的两个音频大致就确定了。《周礼·考工记》对这些比例关系有所记载，但从曾侯乙编钟的尺度及比例关系来看，《考工记》的总结有些简单化了，实际上先秦时期钟的造型设计要更复杂、精密。另外，对于钟上的突出装饰物——钟枚，工匠们认识到它也会影响乐钟的音乐性能。现代声学实验已证实，钟枚可加速高频振动的衰减，对余音有阻尼作用。

2.合金配比和热处理工艺也会影响乐钟的音响效果

青铜钟的合金成分不是随意的，楚系编钟音色优美，一个关键因素是合金配比非常科学。科研人员分析曾侯乙编钟时发现，编钟含锡量在13%～16%，含铅量1%～3%，这正是乐钟综合性能最优时的合金配比。当含锡量低于13%时，音色单调、尖锐，含铅量过高则音色也会恶化。另外，通过对曾侯乙编钟的金相组织分析后可知，编钟应经过了一定的热处理。曾侯乙编钟铸造时可能采用了延时脱范、缓慢冷却的方法，利用自热进行均匀退火，这样使钟的音乐性能更好。

3.普遍采用技术含量极高的工序：调音技术

乐钟浇铸好之后，还需要调音，也即用磨石等工具在钟的鼓部和侧鼓部的内壁进行锉磨、调音。淅川下寺2号楚墓编钟的鼓部内壁，有凸起的音梁，音梁及钟口内唇多被磨成凹槽，这是典型的调音痕迹。曾侯乙编钟有几个钟音准误差明显较大，就是因调音有些微误差。编钟调音是一道非常有技术含量的工序。古代钟匠在锉磨过程中必须非常小心、细致，边锉磨边辨音，如果锉磨过多，音准就会偏低，乐钟就会废掉。即使在现代编钟复制过程中，技术人员使用电子测量设备和计算机来进行调音，稍有不慎，也可能会使编钟报废。可见编钟的调音工序具有极高的技术含量，古代楚国钟匠具有极高超的调音技术和辨音能力。

如果仅仅是铸造一个钟形的器物，这很容易，就像铸造其他青铜容器、酒器一样。关键的问题是，编钟的铸造要和音乐的乐声、音阶等联系起来。因此，制作钟之前，首先要对钟的高度、大小、厚薄及青铜合金的比例等做缜密的通盘考虑，这些都对钟的乐音有影响。甚至，对于是否需要钟枚都要认真考虑，因为钟枚也影响着乐钟的音乐性能。

（三）世界级的音乐及文化遗产

曾侯乙编钟是迄今为止出土的悬挂乐钟最多的一套编钟，可谓“编钟之王”。这套编钟之王有若干令人叫绝的高妙之处。曾侯乙编钟为楚系编钟，吸收了楚国编钟及中原编钟的优点，综合而成为集大成者。该编钟上刻写有当时中原地区诸侯国、楚国及曾国的乐理名词对比，是周代乐理知识的宝库。无论从音乐史、科技史、冶金史还是艺术史的角度，曾侯乙编钟都有巨大的价值。它不愧是中国青铜乐钟的巅峰之作。

为了保护曾侯乙编钟这一国宝重器，多年来，编钟原件只有四次被演奏。其中一次是1997年在香港回归祖国的盛大庆典上，播放的交响乐曲中编钟的乐音，是以曾侯乙原件编钟演奏并录制的。另有一次是在2008年北京奥运会上，曾侯乙编钟的原声录音被用于标志音乐及颁奖音乐中。

（四）编钟文化遗产的传承、发展与创新

曾侯乙编钟是楚文化的重要代表，也是荆楚文化最鲜明的文化标识和文化名片之一，在继承、发展荆楚文化方面有巨大的作用，要做好曾侯乙编钟的保护、传承和发扬工作。

曾侯乙编钟是音乐、科技与艺术的完美结合。首先，要以博物馆、科研机构和音乐艺术机构为主体，加强对编钟的研究和宣传。一方面要深入研究其乐理知识，另一方面要多开发一些适合编钟演奏的乐曲。只有这样，才能更好宣传和保护编钟艺术。其次，充分运用多种手段，如现代信息技术、数字技术及通信技术，向青少年宣传编钟文化，使青少年建立起对荆楚文化、中华文化的热爱，增强文化自信。再次，充分利用编钟和他国进行文化交流。编钟音乐是非常有特色的中国民族音乐，只有民族的，才是世界的。利用编钟音乐和他国交流互动，能够增进了解，加强友谊。最后，要引导建立青铜编钟铸造、演奏与相关文创产品生产的市场体系，使编钟文化在传承、发展与创新中发扬光大。

楚 金

众所周知，夏商周三代是中国的青铜时代，出土了数量庞大的青铜器。青铜时代，“国之大事，在祀与戎”（《左传·成公十三年》），祭祀和战争的物质载体为青铜礼器和兵器。毫不夸张地说，青铜器是国家实力、社会权力和政治地位的象征。夏商周三代也是礼制社会，礼制是国家和社会的根本性制度，礼制的物质化载体一般是青铜容器和乐器。青铜容器主要包括食器、酒器和水器，这些器物和乐器一起，常被用于祭祀、宴飨、朝聘、婚丧等各种礼仪场合，因而又被称为“礼器”，这实际上也就是通常所说的“器以藏礼”。

西周早期，楚国作为“辟在荆山”（《左传·昭公十二年》）的一个小诸侯国，和西周宗周国相似，国之大事也是“祀与戎”，是具有浓郁地方特色的礼制社会。

西周时期的楚国青铜器，除了纹饰稍有特色外，其他方面，从器型到铸造技术等，除了模仿宗主国——西周王朝及其他中原先进诸侯国家外，基本没什么自身特色。随着楚国的强大和自信心的增强，从春秋中期开始，楚国青铜器在对其他诸侯国青铜器铸造技术的广泛吸收中有所创新，越来越具有自身的风格和特色，表现出浓郁的楚文化特色，如出现了楚文化风格浓郁的青铜礼器——束腰平底的升鼎。在楚国文化的影响下，附属诸侯国的青铜器也出现“楚化”现象，如曾国的青铜器。我们这里把楚国青铜器和受楚文化影响较大的诸侯国的青铜器统称为“楚系青铜器”，即本文所称的“楚金”。因社会对青铜的大量需求，楚系青铜器博采众长，青出于蓝而胜于蓝，出现众多无与伦比的青铜器精品，如淅川下寺楚墓出土的铜禁及曾侯乙墓出土的编钟与尊盘等。楚系青铜的冶炼、铸造，被张正明先生称为支撑“楚文化的美轮美奂的高堂邃宇”[①]的六大支柱之一。用著名考古学者郭德维先生的话来说，是高峰中的高峰。[②]楚系青铜器精品都是技术和艺术高度结合的产物，闪耀着永恒的魅力，象征着中国青铜时代文明的高度。

一、楚金与中华文化

楚国在形成和发展、繁荣的过程中，既吸收、继承了西周宗主国和中原文化，又吸收了长江流域及江淮地区的文化因素，结合楚地文化传统，形成了极富特色的楚文化。楚系青铜文化的特点在于：一方面，传承了商及西周以来的青铜铸造技术且发扬光大；另一方面，善于吸收中原及其他诸侯国的长处，取精用宏，焕发出强烈的创新精神，铸造出很多精美绝伦的青铜珍品，如升鼎、淅川下寺墓出土的铜禁及楚系铜器尊盘、编钟等。

（一）楚金所反映的中华文化

楚系青铜器的造型和组合反映了楚文化特色，楚文化是周王朝的一个区域文化，楚系青铜器和周王朝的青铜器一样，都是当时礼乐制度的产物。楚系青铜器体现着楚文化和中华文化的某些特质。

其一，楚系青铜礼器在反映礼制上与中原地区相同，继承了周王朝的传统，体现了“器以藏礼”。

直到春秋早期，楚国大多数的青铜器器型还没有明显的地域特色，主要是模仿宗主国西周王朝。春秋中期之后，尽管一些独具楚文化特色的青

① 张正明：《楚文化史》，上海人民出版社1987年版，“导言”。

② 郭德维：《谈谈我国青铜铸造技术在楚地的发展与突破》，《中原文物》1990年第1期。

铜器及组合出现，如楚国独特的升鼎、小口鼎、盏（敦）、尊缶及鼎、簠、缶组合等，但总体来看，楚国青铜礼器的组合和中原地区一样，都是“盛肉器（鼎）+盛食器+酒器+水器”的组合，都是用青铜礼器及其特定组合来体现礼乐制度。楚国的高级贵族们，总有一套“鼎+簋+方壶”的青铜器组合，簋和方壶带着周王朝青铜器的复古意味，这表明楚国贵族遵循周制，显示出其对宗主国礼制的崇敬。当然，在楚系青铜礼器的具体组合中，鼎等铜器的数量、种类和中原地区有所不同，但是青铜礼器“器以藏礼”的精神内涵和中原地区是一样的。

其二，楚国独具特色的青铜礼器，很多是以本区域文化特色为基础，吸收中原及周边诸侯国文化因素后创制出来的。随着楚文化影响扩大，楚系青铜器的某些风格及文化因素也对其他地区产生了重要影响。

一些非常独特的楚系青铜器，如升鼎、小口鼎、尊缶和浴缶等，或是根植于楚国自身传统而制成，或是吸收中原及周边诸侯国的文化因素而制成。例如升鼎，一般认为是吸收了曾国青铜鼎的某些形制而制成的。再如小口鼎，可能源自江淮地区的小口罐形鼎。楚系青铜器特色形成后，又反过来对巴蜀、吴越、岭南、江淮及中原地区产生了较大影响。

其三，楚系青铜器既传承了商周以来的铸造技术，又将其发扬光大，加以创新。

春秋中期以来，楚系青铜器的铸造技术越来越娴熟，从中可看到商周以来各种铸造技术在楚国的汇集。不仅如此，楚国在对传统铸造技术发扬光大的同时，又能吸收各种新技术，这些新技术有些是其他诸侯国首创的，有些则可能是楚国的首创。正因楚国能够汇集各地的技术之长，所以自春秋中期以来，楚系青铜器的铸造能够青出于蓝而胜于蓝，成为东周铜器的代表。

1. 楚系青铜器对商周传统铸造技术的发扬

商、西周以来的传统铸造技术，即中国所特有的所谓“范铸法”。这种方法以芯和若干陶范围成型腔，然后浇铸青铜合金而成型。以曾侯乙编钟的铸造为例，可以看到商周以来的传统铸造技术是如何被发挥到极致的。

曾侯乙编钟群中，形制最复杂、纹饰最繁复的要数甬钟，甬钟可以说是把传统范铸法发挥到极致的典型代表。因为甬钟是乐器，铸造前必须考虑其音响效果，为保证铸造后的音效，一般甬钟多由浑铸法一次整体成形，不用或少用分铸，也不用焊接，因为过多的缝隙会严重影响音响效果。曾侯乙编钟群中的甬钟由于被铸制得太精美，常被金属冶铸专家和冶金史专家误认为是用更高级的精密铸造法——失蜡法铸造的。为了弄清这样高水平的甬钟究竟是用何种铸造方法做成的，专家们用现代科技手段做了专门检测。在经过X光透视、超声波探伤等手段检测和细致的工艺分析后，专家们一致确认，所有甬钟均是由范铸法铸成。他们很惊叹地发现，之所以能够获得形制如此复杂、尺寸如此精确、音律又极其完美的编钟，关键在于工匠对分范合铸技术的娴熟运用。

2. 分铸钎焊法的普遍运用

东周以来，楚系青铜器更多运用分铸钎焊法来铸造。先分别铸造器物的各部件，然后用焊接（钎焊）的方法连接部件，使之成为整体。该方法中，钎焊的焊料又分三种：一种是铜合金（或红铜）焊料，另一种是铅或锡焊料，还有一种是铅锡合金焊料（熔点在200℃左右）。从淅川下寺楚墓、曾侯乙墓和淅川和尚岭楚墓出土的青铜器看，楚系青铜器铸造已较普遍地使用了分铸钎焊法，其中以铅锡合金为焊料的低温钎焊（或称为“镴焊”）为主要焊接方法。

分铸钎焊法使铸造效率大大提高，适应了东周以来楚国社会对青铜器的大量需求。另外，这种方法也有利于制造更多结构复杂、精美的青铜器。

3. 铜范铸造法

东周时期，由于经济发展，大多数诸侯国都有自己的货币。各诸侯国的货币形状不一样，如三晋地区用空首布币或平首布币（形状似铜铲的货币），齐、燕等国用刀币，秦国用圆钱，楚国则用蚁鼻钱。大多数诸侯国用泥范或石范来铸造钱币，费时费工，效率较低。楚国用铜范来铸造蚁鼻钱，铸币技术领先，独树一帜。一件铜范可以重复使用多次，且每次可以铸造几十个蚁鼻钱，省去了每次铸造时做陶范的工作，大量节省时间，大大提高了效率，还降低了铸币的废品率，是铸造技术的一次较大突破。用铜范来铸造钱币的技术，直至西汉时期仍在应用。

4. 青铜装饰工艺上的运用

伴随着春秋中期以来楚国的经济、社会变动，楚人的社会意识和审美观念也随之发生变化。楚国的铜器制造除了铸造技术方面日益求新外，表面装饰工艺也逐渐增多，一扫之前肃穆、程式化及略显呆滞的风气，更加绚丽多彩，充满艺术性和生活气息。这正和春秋战国之际思想上百家争鸣的自由、活跃气氛相适应。

楚国的青铜铸造技术发达，装饰工艺也是多种多样，铸造技术与装饰工艺相得益彰，使楚国产生众多青铜艺术珍品。从出土青铜器来看，楚系青铜器装饰工艺主要包括：镶嵌、铸镶、金银错、包金、贴金银箔、鎏金、刻绘及髹漆等。其中红铜纹饰的铸镶、贴金银箔、髹漆及金银错等工艺相对较流行。

（二）楚国青铜冶炼对中华文化的巨大贡献

商代晚期至西周早期是中国青铜文化的第一个高峰，春秋中期至战国中期是第二个高峰。楚国的许多精美青铜器，以铜禁、编钟和尊盘为例，是第二高峰的代表，是高峰中的“高峰”。楚国之所以出现这么多青铜精品，是因为楚国的青铜冶炼技术发达，且在铸造技术上善于吸收和创新。楚国青铜文化中所具有的工匠精神对中华文化做出了巨大贡献。

其一，革命性铸造技术——失蜡法的发明与运用，使楚国铸造出了许多登峰造极、巧夺天工的青铜器精品，这是对中国铸造技术的巨大贡献。

东周时期，铸造技术史上最重要的事件是失蜡法的出现。失蜡法是继商周以来陶范铸造法之后的一项革命性的创新（下面讲尊盘时将详细讲此铸造方法）。目前来看，楚文化区域出土的失蜡法器物或器件最多，时代上也较早，学界多认为失蜡法是楚国首创的，即使不是首创，楚国也是较早、较多运用这一技术的诸侯国。冶金史家谭德睿先生说："楚文化器物造型流行蟠曲缠绕、空灵剔透的装饰，这正是失蜡铸造技术能发挥作用的场合，于是在楚文化青铜器上屡见此类失蜡铸造附饰。也有可能是掌握失蜡铸造技术的楚人创造出这种其他工艺无法铸造成形的透雕附饰。"①

到目前为止，在数以万计考古发掘出土的先秦青铜器中，采用失蜡法技术的青铜器总数不足10件，而这些铜器几乎都是楚系墓葬中出土的，如淅川下寺2号楚墓出土的春秋晚期铜禁、曾侯乙墓出土的战国时期的尊盘、现藏于纽约大都会博物馆的楚王盉器盖顶部的钮形饰、河南叶县许灵公墓出土的蟠虺纹透空饰件等。"这些器物大都出自楚文化地区，铸造年代从春秋中、晚期到战国，其形制、纹样、成形方法与制作技艺同出一系，构成为自成体系和传承有序的发展系列。"②总之，失蜡法的运用是楚国工匠高度创新性精神的标志，失蜡法的发明是对中国青铜文化的巨大贡献。

其二，楚国发达的青铜冶炼技术，为中国冶铁技术的产生提供了坚实基础。楚国冶炼工匠是中国迈入铁器时代最重要的推手之一。

青铜时代之后是秦汉以来的铁器时代。之所以称为铁器时代，是因为秦汉以来，铁制器物如农具、兵器等取代铜器成为应用广泛的器物，对社会生产力的发展起到了关键作用。铁需要从铁矿石中冶炼出来，铁的冶炼起源于中国何时、何地，现在还不清楚。从出土铁器遗物来看，至少春秋早期，

---

① 谭德睿：《中国早期失蜡铸造问题的考察与思考》，《南方文物》2007年第2期。

② 华觉明：《中西方失蜡法之同异——兼评"先秦不存在失蜡法"一说》，《考古》2010年第4期。

铁器在楚国已经较多出现，如长沙杨家山65号墓出土有钢剑和铁工具，宜昌上磨垴遗址、荆门响岭岗遗址、老河口杨营遗址等都有早期铁器出土。从文献记载看，《荀子·议兵》《史记·范雎蔡泽列传》《吴越春秋》《越绝书》都提到楚国冶铁术发达，铁兵器闻名天下。

无论从文献还是考古角度看，学界都一致认为，楚国是东周时期的冶铁中心之一；从目前出土铁器的数量来看，楚国也许是最大的冶铁中心。楚国的铁冶炼不仅包括低温固态的块炼铁（熟铁）冶炼，更主要的是高温下的生铁冶炼。楚国的铁冶炼和铁器制作中心，北在南阳（即文献中所谓的“宛”）、南在长沙。总体来看，楚国的冶铁技术、铁器产品种类和数量，都领先中原地区。这种局面，应与楚国发达的青铜冶炼技术有关。

大冶铜绿山古铜矿至少从商代晚期就开始进行开采和冶炼，到春秋中期，铜矿的采冶权已经属于楚国，被楚国所控制。该矿冶遗址的铜矿开采、冶炼遗迹非常丰富，规模宏大（漫山遍野数十万吨的冶炼炉渣就足以让人震撼），真实反映了楚国人为获得铜原料而付出的辛勤劳动和表现出的惊人的技术才能。在矿冶遗址发现了10座春秋时期的炼铜炉和2座战国时期的炼铜炉，炼铜炉反映出楚人高超的炼铜技术。这些炼铜炉，如果稍加改进，放入铁矿石就可以炼出生铁来。冶金史专家认为：“春秋时期的炼铁炉尚未发现，想来和大冶铜绿山古矿冶遗址出土的炼铜竖炉相去不会太远。”[①]确实，从技术角度看，要冶炼出液态的生铁，需要1200℃左右的高温，比炼铜温度高200℃左右。根据大冶铜绿山古矿冶遗址所出炼铜炉子，如果这种炉子再稍微改变结构，加大鼓风量，提高炉子温度，完全可以冶炼出生铁来。所以，可以推测中国的生铁冶炼技术应是直接从冶铜术中产生的。

楚国高超的炼铜技术，为楚国高超的冶铁技术打好了基础，使楚国铁

---

① 苏荣誉、华觉明、李克敏等：《中国上古金属技术》，山东科学技术出版社1995年版，第355页。

器的铸造与使用在东周各诸侯国中处于领先地位。可以说，楚国的冶铁技术和铁器铸造对中国进入铁器时代起到了重要的促进作用，这也是楚国青铜文化对中华文化的巨大贡献。

二、楚系青铜器

楚国是西周王朝分封的诸侯国，礼乐制度上，楚国深受西周宗主国影响，直到春秋中期，具有鲜明特色的楚文化才真正形成。楚系青铜器种类众多，可分为青铜礼器（主要包括青铜容器和青铜乐器）、兵器、货币、生活用具、车马器、青铜工具及度量衡（如青铜砝码、量具）等。楚系青铜器主要出土于楚系墓葬中，也有少部分出土于其他诸侯国墓葬遗址。楚系青铜器风格独特，鲜明地反映着楚文化。下面分别对有代表性的青铜器做简要概述，以便读者对楚系青铜器有大致了解。

（一）青铜礼器

包括楚国在内的周代社会，是礼制社会，公共事务及个人行为，都是在礼制的规范下进行。为了表现祭祀、宴饮等礼仪的权威性和严肃性，礼仪场合的器物大多用青铜制作，这就是所谓的青铜礼器。青铜礼器主要包括青铜容器和青铜乐器。

1.青铜容器

青铜容器主要包括食器、酒器和水器。青铜食器包括盛肉（或烹肉）的食器和盛黍、稷、稻、粱等谷物的食器。前者主要是鼎，用于盛放牛、羊、猪、鱼等肉食；后者主要有簋、簠、敦、豆等。酒器是用来盛酒、喝酒的器物，有爵、壶、盉、尊缶等。水器是用来盥洗的，因为礼仪活动需要洁净身体，主要有盘（承接水的器物）、匜（yí，类似舀水的瓢）、浴缶等。

（1）肉器。烹肉器和盛肉器物主要是鼎。楚式鼎根据形制的不同，有束腰升鼎、折沿鼎、箍口鼎、子母口鼎、小口鼎等。其中束腰平底升鼎、折沿鼎、箍口鼎、子母口鼎是盛肉的食器，小口鼎是用来煮开水。

束腰平底升鼎。楚国所有的青铜器中，该类鼎风格最独特，最能体现楚国特色，是楚国最有代表性的器物。这类鼎自铭为“鼎”或“登鼎”，其形制特点是，敞口浅腹，立耳外撇，束腰平底，兽蹄形足，器腹四周往往饰有爬兽。升鼎形制从早到晚的演变规律是，腹部由深变浅，足由矮变高。

目前发现的最早的升鼎为克黄鼎（淅川和尚岭M1出土，春秋中期偏早），最典型成熟的升鼎有王子午升鼎（淅川下寺2号墓出土）等。升鼎是最能表现楚国贵族等级大小的青铜器，只有国君、封君、卿及上大夫级别的大墓才有这种鼎出土。目前来看，诸侯国君可拥有9个升鼎，如曾国国君曾侯乙的墓葬就出土有九鼎（升鼎）八簋。由于寿县楚王墓严重破坏，至于楚王是否也如此，不好判断。但楚王拥有的升鼎绝不会低于九鼎，战国时期，楚王甚至可能拥有12鼎，僭越周天子规格。

曾国国君配有9件升鼎，卿或封君拥有7件升鼎（如河南淅川下寺2号墓令尹薳子冯墓，令尹属于卿一级），结合文献，可知依据贵族等级，升鼎数量大致呈9、7、5、3奇数递减，形制大小相次，形成所谓的“列鼎制度”。楚国升鼎一般和簋及方壶（酒器）相配，再加上水器盘、匜，组成较为完整的食器、酒器和水器组合。

（2）食器。盛黍、稷、稻等谷物的青铜食器，文献上称“粢盛器”。这里介绍盏、敦和簠。敦的总体特征是盖与器身形制相同或近似，呈半圆状或半球状，盖与器身上下对称扣合，又称“西瓜鼎”。敦是中原地区的称呼，楚人对敦的称呼为“盏”。据有些学者的看法，楚国的盏实质上源于盆，可称之为“盆体敦”，后来盆体敦演变为和中原地区相似的圆体敦。[①]楚式敦的演变趋势是，器身由扁圆形到圆球形，再变为纵向的椭圆形。盏（盆体敦）、敦可能是楚地首创，然后流传到其他地区。

① 刘彬徽：《楚系青铜器研究》，湖北教育出版社1995年版，第152～164页。

嵌地几何云纹铜敦(湖北省博物馆 供图)

1974年秭归斑鸠窝出土战国铜敦。通体呈球形,高22.8厘米,口径17.5厘米。上下均有对称的S形兽体钮三个,顶部和底部饰涡云纹,其余部分铸有蟠虺纹,合盖处上下各有一对对称环形耳。现藏于湖北省博物馆

簠。先秦时期簋和簠都盛食器，簋是圆形，簠是方形。楚式簠与中原地区的簠差别不大，较明显的区别是中原地区的簠口沿为折沿，楚式簠则直口无折沿。另外，中原地区簠的圈足缺口是直边，而楚式簠的圈足缺口为凹弧。楚式簠的演变规律是直壁不断加长，斜壁不断缩短。

楚屈子赤角簠(湖北省博物馆　供图)

1976年湖北省随州市鲢鱼嘴出土。直口斜壁，矩形足，通高20.3厘米，口长27.7厘米，口宽20.9厘米。现藏于湖北省博物馆

(3)酒器。楚式酒器主要是尊缶，是楚国特有的一种盛酒器。《说文解字》曰："缶，瓦器，所以盛酒浆。"形制特征为：长体、短颈、圆肩，鼓腹，平底或矮圈足，肩腹间有对称的四环钮，四环钮是尊缶与壶的最明显区别。

(4)水器。水器一般有盘、匜、浴缶等，其中浴缶是楚国特有水器。浴缶有时自铭为"盥缶"，"浴""盥"这样的字眼已表明其为水器，应与盥洗有关。其总体形制特征是小口、圆鼓腹、矮直颈、矮圈足，肩腹间饰对称衔环兽形环耳且常有圆饼状装饰，有捉手钮盖或环钮(兽钮)盖，盖口大于器口，直接罩于器口之上。

铜方壶(湖北省博物馆　供图)

九连墩1号墓出土战国中晚期铜方壶。通高80厘米，最大口宽18.8厘米，最大腹宽30厘米，最大底宽22厘米，冠高29.4厘米。现藏于湖北省博物馆

蔡侯朱缶（湖北省博物馆　供图）

1958年湖北省南漳县安乐堰出土青铜水器。高36.7厘米，口径24.2厘米。现藏于湖北省博物馆

小口汤鼎。其形为小口、宽肩直颈、圆腹、兽面蹄足、有盖，该类鼎肩部有对称的两立耳，早期两耳直立，时代越晚越变得外撇。该类鼎自铭为“汤鼎”或“康鼎”。《楚辞》中有“浴兰汤兮沐芳”，“汤”指沐浴所用的热水，可见这种鼎应是一种烧水的水器。楚国中高层贵族墓中才出土有这种鼎。

楚国青铜礼器的使用不是杂乱无章的，而是和中原地区一样，有一定的规则。青铜容器的数量及组合方式，是体现贵族身份高低的重要标志。身份等级不同，礼仪场合其青铜器物的陈设数量和组合方式也就不同。楚国关于青铜礼器的礼制规则和中原有一定差异。楚国贵族的礼器组合多样，不同时代又有不同的组合。根据学界的研究[①]，总体来看，分两大阶段。春秋时期，楚国高等级贵族（王、卿及上大夫等级）青铜器组合有两种：第一种为

① 参见刘彬徽《楚系青铜器研究》，湖北教育出版社1995年版；郭德维《楚系墓葬研究》，湖北教育出版社1995年版；袁艳玲、张闻捷《楚系青铜器的分期与年代》，《考古学报》2015年第4期。

“升鼎—簋—龙耳方壶—盘、匜”;第二种为“鼎(不是升鼎,是另外类型的鼎,如箍口鼎或折沿鼎)—簠(或加盏)—缶(尊缶或浴缶)—盘、匜”。一般贵族则只有第二套组合,且有的不甚完整。战国早中期,一般贵族流行“子母口鼎—敦—壶—盘、匜”;战国晚期,则流行“子母口鼎—盒—壶—盘、匜”。而高级贵族,除了保持春秋时期的铜器组合外,再加上“子母口鼎—敦—壶—盘、匜”组合,也即有3套青铜器组合。从楚国高级贵族墓中出土的容器和编钟等青铜礼器来看,楚国是礼制社会,“器以藏礼”名副其实,楚国贵族确实是过着钟鸣鼎食的生活。

2.青铜乐器

青铜乐器属于礼器,是高等级贵族的必备品。商周时期的金石乐器,是指用青铜(金)做成的乐器,如甬钟、钮钟、镈钟、钲等。天子、诸侯乃至大夫,属于社会的上层贵族,过着钟鸣鼎食的生活。所谓“金声玉振”,即指青铜乐器和石质乐器石磬的合奏。楚国的青铜乐器主要包括甬钟、钮钟和镈钟。

(二)青铜兵器

东周时期,周天子权威旁落,各诸侯国为了争霸,战争不断。尤其是战国时期,战争的规模日益扩大,战争频次也日益增多。正是在这种战争环境里,包括楚国在内的诸侯国都把训练军队、强化军事装备作为头等大事。正所谓“国之大事,在祀与戎”,“戎”就是战争。战争少不了兵器,当时的青铜兵器在冷兵器时代是先进的兵器。楚国作为东周时期的强国,拥有先进的青铜兵器制造技术。从楚墓出土的兵器来看,最常见的有长兵器,包括戈、戟、矛、铍、殳等;短兵器,剑、匕首等;还有远射兵器,主要包括弓箭、弩机等。下文介绍具有楚国特色的兵器。

剑。剑是一种短兵器,用于近距离的劈砍和刺杀,也可用于防身。剑如果很短,则称为匕首。已发掘的上万座楚墓中,出土最多的兵器是剑。正如郭德维先生研究江陵楚墓出土兵器情况时所指出的,“铜剑是这一带楚墓中最普遍的一种兵器,成年男性墓中几乎都有一件铜剑随葬”[①]。可以说,楚人尚剑。在各诸侯国中,楚国人似乎最爱佩剑。头戴高高的帽子,身配长长的青铜剑,即所谓的“长剑危冠”,这似乎是楚国贵族阶层的典型打扮。正如屈原在《楚辞·九章·涉江》中所说:“带长铗之陆离兮,冠切云之崔嵬。”“带长铗”就是佩长剑,“冠切云之崔嵬”,就是戴着高耸的帽子。

根据考古资料,以剑茎的形制为标准,可将楚剑分为扁茎剑、空茎剑、实茎剑等。茎上两箍的实茎剑和无箍的空茎剑,是楚国剑的主流。

西周春秋时期,楚人铸造青铜剑的技术并不高,从剑的形制上来看,主要是模仿、借鉴中原和吴越地区的技艺。进入战国之后,随着楚人尚剑之风的普及,加上剑也是身份地位的象征,在这种背景下,对剑的铸造技艺和装饰艺术的要求大大提高。楚人主要是吸收吴越制剑技艺,青出于蓝而胜于蓝,制作出了一些科技含量很高的青铜剑,即复合剑(又称“双色剑”“插心剑”)。

楚国的青铜弩。弩在古代中国的兵器之中,十分重要,从“剑拔弩张”“强弩之末”这些成语中可见一斑。那么弩到底是何种兵器呢?《说文解字》说:“弩,弓有臂者。”东汉史学家赵晔所著的《吴越春秋》曰:“当是时,诸侯相伐,兵刃交错,弓矢之威不能制服,琴(楚)氏乃横弓著臂,施机设枢,加之以力,然后诸侯可服。”所谓“横弓著臂,施机设枢”,指的就是为弓增设弩臂和弩机,同时赵晔认为楚国的琴氏最早发明了弩。弩和弓有相似之处,都可以发射箭矢,但是弩有臂,有巧妙的机械装置或者说机关。

迄今为止,先秦时期的弩,以楚墓出土的最多,也最具代表性。1952年,湖南长沙南郊扫把塘138号战国中期楚墓,发掘出土了一件铜弩,这是最早发掘出土的弩。楚国人不仅发明了铜弩,还发明了增强型的弩——双矢并射连发弩。江陵县秦家嘴墓地47号楚墓,时代为战国晚期早段,出土一件双矢

① 郭德维:《楚系墓葬研究》,湖北教育出版社1995年版,第138页。

越王勾践剑(图片来源:视觉中国)

越王勾践剑是春秋时代末年的锡青铜剑,1965年湖北省荆州市荆州区望山1号墓出土。剑长55.6厘米,宽5厘米。剑身正面近剑格处有两行鸟篆铭文,字为"越王鸠浅(勾践)自作用剑"

并射连发弩。[1]用这种弩发射，一次可射出两箭，射程一般可达20～25米。

（三）青铜货币

商业繁荣的重要标志之一，就是建立起相对合理的货币制度。东周时期，各诸侯国基本上都建立起了较完备的货币制度，楚国的货币制度，相对其他诸侯国而言，独具特色。

楚国的青铜货币被称为铜贝，即常说的“蚁鼻钱”或“鬼脸钱”。蚁鼻钱一般为椭圆形，上宽下狭，正面凸起，铸有阴文，背面平坦或凹入，下端铸有小孔。其形状取像于货贝，应是商周时期无文铜贝发展而来。

楚国铜贝经历了无文（铭文）铜贝和有文铜贝两个阶段，有文铜贝占主导地位。蚁鼻钱上的币文，目前共发现有十来种，释读不一。楚铜贝小而轻，是以枚计算的小额货币，作为日常小额交易之用。铜贝最重的7克，小的0.5～0.6克，大多数铜贝3～4克。

（四）青铜生活器

珍贵的青铜原料不仅用来铸造礼器、兵器等，也有少量用来制造一些日常用器。随着东周社会的变迁，尤其是战国以来，青铜日常用器的种类和数量越来越多，铜镜的大量出现就是明显的例子。

1. 青铜镜

青铜镜是照面、梳妆的器具。宋玉《九辩》说“今修饰而窥镜兮”。在铜镜还未产生之前，人们在生活中都是以水照面。就是用大陶盆（即“监”）或

镂空凤纹铜镜（图片来源：视觉中国）

1985年出土于江陵九店墓地315号墓。直径11厘米。现藏于湖北省博物馆

① 陈跃钧：《江陵楚墓出土双矢并射连发弩研究》，《文物》1990年第5期。

铜鉴(《说文·金部》释“鉴”为“盆”)盛满清水,用水来照容貌。所以后世镜与“鉴”同义,合称“镜鉴”,“鉴定”“鉴别”也由此而来。青铜器产生后,古代工匠发现高锡含量的青铜面板经过磨光后,洁净光亮,可以照出人的面容,因此就发明了青铜镜。

铜镜的正面光亮照人,背面一般铸有镜钮和纹饰、铭文等。这些纹饰和铭文与当时的社会文化及审美时尚有密切关系,因此精美的青铜镜也称得上是艺术品。

我国春秋战国时期的青铜镜中,以纹饰和形制看,具有浓郁楚文化特色的楚式镜类型最多。按照纹饰特点,楚式镜可分为素面镜、单一纹饰镜、主地纹结合镜及少数透雕纹饰镜,其中主地纹结合镜在楚国铜镜中占大多数。主体纹叠加在地纹(或称“底纹”,即背景纹)上,构成主地纹结合镜。楚国主地纹结合镜的种类主要有“山”字纹镜、菱纹镜、花叶纹镜、动物纹镜(包括凤纹镜、兽纹镜等)、蟠螭纹镜、连弧纹镜等,其中“山”字纹镜最多,最具楚国特色。以“山”字的数目看,有三山镜、四山镜、五山镜、六山镜等,其中以四山镜为最多,五山镜次之,三山镜最少。

2. 青铜灯

灯是照明器具,与人类生活密切相关,也是人类的一项重要发明。我国西周以前,主要用火把来照明,当时的火把被称为“烛”,火把也可看作是最原始的灯。战国中晚期,楚国贵族们开始把灯作为一种身份和地位的象征,用青铜制造,加以艺术化,于是出现了一些工艺精美、造型奇巧的青铜灯。《楚辞·招魂》说贵族们日夜沉浸于宴会:“娱酒不废,沉日夜些。兰膏明烛,华镫错些。”这里的“华镫”,显然是制作精美的青铜灯。考古发掘也证实了精美“华镫”的存在。

人骑骆驼灯。1965年在湖北江陵望山2号墓出土,是属于战国中期的文物。[①]该灯精致小巧,是难得的艺术珍品。尤为令人诧异的是,楚国作为湿

① 湖北省文物考古研究所:《江陵望山沙塚楚墓》,文物出版社1996年版,第384页。

人骑骆驼灯（图片来源：视觉中国）

1965年江陵望山2号墓出土战国时期青铜灯具。高19.2厘米，灯盘径8.9厘米。现藏于湖北省博物馆

热多雨的区域，制作了大漠干旱地区才有的骆驼，表明楚国可能与西北大漠有了某种联系，似乎也暗示楚国与先秦丝绸之路有一定关联。另外，荆门后港楚墓也出土有类似的青铜灯[①]，说明该类青铜灯可能是成批铸造的。此青铜灯造型新奇，充分展现了楚人富于创新的精神。

三、曾侯乙尊盘

（一）曾侯乙尊盘的发现及其特点

曾侯乙尊盘出土于曾侯乙墓的中室，中室是存放青铜重器的地方，曾侯乙编钟、九鼎八簋等重要礼器也是出土于此室。出土时，尊不是随意堆

① 陈振裕：《湖北发现战国西汉的骆驼图像》，《农业考古》1987年第1期。

放，而是放置在盘中。尊是盛酒器，放置在盘（托盘）中，成为一套，这在礼书中是有记载的。

曾侯乙尊盘的具体形状，《曾侯乙墓》一书和一些论文中已有陈述。为了更好地了解曾侯乙尊盘，尊、盘可以分开来看。尊高30.1厘米、口径25厘米，重9公斤。尊体作喇叭口，长颈，长颈下为圆鼓腹，腹紧连着高圈足。颈的上部为尊口，尊口分上下两部分，下为镂空结构，镂空结构之上为口部透空附饰。该透空附饰从上面俯视看，是高低错落的铜花环。这些花环四等分，每等分由12种花纹单元组成，而这12种花纹单元由更小的19种变体蟠虺（虺，一种小蛇）纹状小铜条组成。蟠虺状小铜条各不衔接，由其下端的直立的小铜梗支撑。整体上，这些直立的铜撑再由水平的第二层铜梗连接，然后再以同样方式形成第三层铜梗。总体上看，尊口部的透空附饰看上去繁缛复杂，又错落有致、玲珑剔透。[①]

尊的颈部饰蕉叶纹和半浮雕的蟠螭纹（一种小龙纹），颈部一蕉叶纹两侧，刻有“曾侯乙作持用终”7个字。颈部附着有4条圆雕龙形爬兽，爬兽躯体镂空，其表面饰蟠虺纹（一种小蛇纹）。爬兽反首吐舌，尾部与尊腹部装饰的龙首相连。尊腹部装饰有半浮雕的蟠螭纹，同时附着有4条一首双身龙。圈足上部是镂空的蟠螭纹，下部有简化的蟠螭纹，圈足也附着有4条一首双身龙，龙的双身左右各攀附2条蜷曲的小龙。全尊饰有28条蟠龙，32条蟠螭，真可谓龙的世界。总之，如报告所言，整个尊是用34个部件，通过56处铸、焊连成一体的。

再来看盘的结构与形状。盘体作直口，方唇，浅腹，四兽形足。高23.5厘米、口径58厘米、腹深12厘米，重19.2公斤。盘的口沿是镂空附饰，镂空附饰之上有4个高出的长方形透空附饰，与尊口的透空附饰结构一样，是由蟠虺状铜条、铜撑、铜梗组成基本花纹单元，然后重复变化，形成繁缛复杂

① 华觉明、贾云福：《曾侯遹尊、盘和失蜡法的起源》，《自然科学史研究》1983年第4期。

曾侯乙尊盘

（湖北省博物馆 供图）

曾侯乙尊盘由尊和盘两件器物组成，尊高30.1厘米、口径25厘米，盘高23.5厘米、口径58厘米，是春秋战国时期最复杂、最精美的青铜器件。1978年在湖北随州市擂鼓墩曾侯乙墓中出土。现藏于湖北省博物馆

的效果。每个透空附饰下有透雕的扁体兽形装饰，其口衔着盘的口沿，扁体由镂空的蟠螭组成。长方形透空附饰之间，盘的腹部附有4条圆雕一首双身龙，龙嘴咬盘口，龙头上蟠绕2条小龙，双身攀附3小龙。这四条一首双身龙正连着盘蹄足的上部，蹄足上部也盘绕着3条小龙，足下部又攀附一对蟠螭。盘上装饰的蟠龙有56条，蟠螭48条。

上面讲了尊盘的精美结构和纹饰，从铸造角度看，尊盘的铸造技术也达到了顶峰。从铸造技艺上看，尊盘系采用浑铸、分铸、焊接、铆接等多种工艺制成。具体来看，尊由34个部件，通过56处铸接、焊接连成一体；盘由38个部件，通过44处铸接、焊接连成一体。①

更为重要的是，尊口的透空附饰和盘口上的长方形透空附饰运用了当时最先进的熔模铸造法，也即失蜡法。失蜡法，从现代金属铸造的角度看，属于精密铸造工艺中的一种，其大致工艺过程如下：先以蜡做成器样或花纹的模子，然后在模外敷上细泥浆，待细泥干燥后进行烘烤，因为蜡的熔点很低，加热时蜡模很快就熔化流出（也就是所谓的“失蜡”），只剩下坚硬的泥质外壳，这些外壳就形成所要铸器物的模子。由于既有泥壳，又有空腔，这样用青铜液体浇注出来的器物，便和蜡模子一样。因为失蜡法是一次成型，所以非常适合铸造不易分型、装饰精细复杂的器物，同时，运用该方法，能省去陶范铸造所需要的翻范、分范、脱模等烦琐工序，因此失蜡法是继陶范铸造法之后的又一杰出创新。

到目前为止，在成千上万件考古发掘出土的古代青铜器中，采用失蜡法铸造而成的青铜器总数不足10件，而且这些铜器几乎都是楚系墓葬中出土的，这说明失蜡法极有可能是楚国首创。

1979年6月，在武汉召开的传统精密铸造工艺鉴定会上，与会的50多位来自铸造单位、科研机构和高校的专家共同讨论尊盘的铸造工艺问题，

① 湖北省博物馆：《曾侯乙墓》，文物出版社1989年版，第228～234页。

并达成共识，形成了如下鉴定意见：

> 随县曾侯乙墓出土的青铜尊、青铜盘，造型端庄优美，纹饰精巧、复杂，尤以口沿附饰的蟠虺云彩状透空花纹，盘旋重叠，于繁杂中见条理，有极高的技艺水平，是现已出土青铜器中最复杂、精美的珍品。……
>
> 盘旋重叠的蟠虺纹，其内用多条铜梗联（连）接，梗面光滑，截面略呈圆形，联（连）接处接口适中，接面圆滑。铜梗形状弯曲，既起到各层虺纹支撑联（连）接作用，亦为虺纹艺术形象增色，更重要的是它构成了熔模铸造的浇注系统。
>
> 虺纹从局部个体而论，虽亦可用泥型形成，但尊、盘的整个附饰表面呈凹凸状，其交界边缘且有个别铜梗盘旋，泥型无法形成。而附饰四角接缝近似于蜡模熔接痕迹，没有泥型分型面特征。内部梗枝既为熔模，则与之连接的虺纹若非同样工艺，不能形成如此光滑匀称的接面。
>
> 据此，我们认为青铜尊、盘之附饰透空花纹系由熔模铸造法成形。[①]

（二）尊盘的价值与意义

正如《曾侯乙墓》考古报告中所言，曾侯乙尊盘造型艺术和铸造技术都达到了炉火纯青的程度。在所有传世和出土的商周青铜器精品中，曾侯乙尊盘是一件令人叹为观止的艺术杰作。尊、盘的主体主要用陶范法铸造，然后运用铸接、焊接等连接手段形成整体，更具有创新精神的是，尊口、盘口上的透空附饰采用失蜡法，极其精密纷繁，犹如花团锦簇，这种附饰的精美程度，可用巧夺天工来形容。曾侯乙尊盘是中国古代青铜器的重要代表，是

① 湖北省博物馆：《曾侯乙墓》，文物出版社1989年版，“附录十四‘曾侯乙墓青铜尊盘铸造工艺的鉴定’”第646页。

中国青铜时代青铜器的巅峰之作，也是楚国青铜文化先进、高超的体现。

正因为在技艺和造型上的精美绝伦，曾侯乙尊盘成为国宝级的文物，它也是湖北省博物馆的镇馆之宝之一。2002年，曾侯乙尊盘和曾侯乙编钟一起，成为国家文物局认定的第一批（共64件）被永久禁止出国展览的国家一级文物。

四、楚系青铜文化的传承与创新

（一）作为荆楚文化标识和文化价值符号

包含楚文化在内的荆楚文化是中华文化的重要组成部分，是在长久历史发展过程中，结合本区域地理、经济、文化等特点而形成的区域文化。荆楚文化有自己独特的人文精神和文化气质，这种文化气质需要载体，这种载体可以是非物质的思想、语言等，也可以是有形的物质。文化标识要有独特性、公众性和可持续性。曾侯乙尊盘作为青铜时代美与技术完美结合的青铜器之一，可以作为荆楚文化的一个标志物。这种标志物背后所蕴藏的人文精神和文化价值体现了荆楚文化追求美（新奇、浪漫）和技术的精神，体现了追求精益求精的“工匠精神”，也体现了荆楚文化的创新精神。

（二）文物的传承、活化和利用

曾侯乙尊盘作为国宝级的文物，需要把它背后的技艺传承下来。首先，要通过各种方式，大力宣传荆楚地区的青铜文化和青铜文物，使社会对青铜文化有良好认知。比如，对于曾侯乙尊盘，可以在考古学者、历史学者的参与下，录制精美的纪录片，类似央视的《国宝档案》，大力宣传青铜文化及青铜国宝。还可依托报纸、电视等传统媒体与网站、微信、抖音等新兴媒体全方位促进荆楚文化标识的认可度提升，加大民众参与度。其次，要大力扶持青铜铸造技术非遗文化传承人来传承青铜铸造技术。要在财政等方面大力扶持青铜技术非遗文化传承人，使青铜铸造技术既具有公益性，又能和文博创意产品结合起来，让传承人能够结合时代特点，制造与曾侯乙尊盘及其他青铜器物有关的文创产品，做到以市场来养传统技艺，通过畅销产品来扩大文物的影响，传承传统珍贵技艺。再次，要鼓励和引导社会设计企业、文化企业在设计过程中，充分吸收青铜器物造型、纹饰、技术等多方面元素，推出具有荆楚特色的、既有历史感又有创新性的产品。最后，要加强荆楚文化标识和文化的国际传播。加强曾侯乙尊盘等标识性文物的国际传播力度，通过国际文化交流，使荆楚文化在国际文化交流中发扬光大。

楚漆器

古语云:“滴漆入土,千年不坏。”漆器是一种用生漆涂敷在器物胎体表面作为保护膜制成的工艺品或生活用品。胎体经过反复多次的髹涂后,不仅变得坚固耐用,多样的装饰也能使器物色泽华丽。我国是世界上最早使用漆的国家,漆器是我国古老的优秀传统手工艺品,是中华民族对人类文明的杰出贡献。在长期的生产劳动过程之中,先民们进一步发现了大漆精制以后的美,发现了大漆的装饰价值。从新石器时代起,中国古人就认识了漆的性能并用以制器。在商周时期,漆器已经出现了精美的螺钿工艺。中国古代漆器发展史上出现过两次高峰。第一次发展始于战国,历经五百年,延续至西汉达到一次顶峰;第二次经唐宋元,在明清达到顶点。在古人熟练掌握制瓷技术前,漆器一度是生活日用的主要器物,战国、秦汉之际,它凭借适用与美观的种种优势取代青铜器,深入到社会生活的各个方面。东汉以后,瓷器质优价廉的优势逐渐显现,漆器的使用普遍衰退,制漆作坊普遍缩减,但漆工艺的发展却未因此停滞,而是朝着艺术欣赏一途继续平稳前行。隋唐以来,瓷器取代陶器、青铜器、漆器等成为中国日用器皿的最基本类型。但漆器的审美价值得到了长足的发展,用料日趋考究、品类日益丰富,在明清达到技艺的巅峰,呈现出千文万华的繁荣局面。中国的炝金、描金等漆器工艺品,对日本等地都有深远影响。

一、国家名片

漆器历史悠久绵长，8000年以来持续发展。考古资料证实，漆器起源于新石器时代，距今8000年历史的浙江杭州萧山跨湖桥遗址出土的漆弓，是目前考古发现时代最早的漆器。从浙江余姚河姆渡、山西襄汾陶寺、内蒙古敖汉旗大甸子等遗址中出土的漆木器具，髹漆技术已经相当成熟。《韩非子·十过》载："尧禅天下，虞舜受之。作为食器，斩山木而财之，削锯修其迹，流漆墨其上，输之于宫，以为食器，诸侯以为益侈，国之不服者十三。舜禅天下而传之于禹，禹作为祭器，墨漆其外而朱画其内，缦帛为茵，蒋席颇缘，觞酌有采而樽俎有饰，此弥侈矣，而国之不服者三十三。"这段文字中记载，夏禹以漆器为祭器，在偃师二里头文化遗址中，也发现有觚、鼓、钵、盒、豆等漆器残片。商代以漆器为食器，河北藁城台西村商代墓中，雕镂镶嵌，特征突出，在饕餮纹中镶有绿松石。西周漆器延续商代遗风，器型仿青铜礼器，生活用具类漆器已经开始萌芽。春秋战国时期，楚国漆器工艺的发展突飞猛进，是髹漆漆器第一个兴盛繁荣的高峰时期。它的艺术成就在我国古代漆器史上具有划时代的意义，无论是制作工艺、器皿造型，还是装饰纹样、制作手法都提高到一个崭新的水平，在当时各诸侯国中是首屈一指的，产生了一个独具楚文化特色的"漆器时代"。这些漆器千姿百态、瑰丽多彩、充满丰富想象力，是楚文化百花园中的一朵艺术奇葩。楚漆器的器物造型、图案纹饰、诗意巫风，展现出楚文化有别于中原文化的飘逸美感与神秘特质。

春秋战国时期，漆树成为重要的经济植物被大批人工种植，民间将漆树树液称为"国漆""大漆"。现在，云南、贵州、四川、陕西、湖北、湖南、江西、安徽、浙江、福建、广东、广西、甘肃、河南等20多个省区种植漆树，以陕、川、鄂三省漆树资源最为丰富，其交汇地带被称为"漆源之乡"，尤以湖北恩施毛坝漆、湖北恩施建始漆、陕西安康平利漆蜚声中外，享有国际盛誉。在长期的生产劳动过程之中，先民们进一步发现了大漆精制以后的美，发现了大漆的装饰价值。大漆被用在了宫殿、家具和器皿的髹饰美化上。几千年来，髹饰工艺花样翻新，不断精进。天然漆液呈乳白色，加工炼制以后颜色转红，涂层光色含蓄；兑入金粉、银粉或颜料后髹涂并且推光，漆膜会泛出变幻无穷的美丽色泽；引起涂层不平后填补彩漆磨显，漆面便出现了苍苔、繁星、团花、松鳞等各种自然纹饰。利用大漆快干起皱、稀释流动的性能，能体会到画笔达不到的妙趣；反复髹漆到一定厚度，又可以雕刻山水花卉、楼台人物；漆面嵌贴金、银、螺钿、蛋壳等，又成为更加华美的装饰。漆器之美，深沉蕴藉，瑰丽神奇，漆器作为中华传统艺术的代表，享誉世界。

出现在楚墓中的虎座鸟架鼓，是楚式漆器中的精品。虎座鸟架鼓，距今已有2200多年的历史，其图案的流畅生动和造型的优美轻盈，是楚墓出土文物中的典型代表，带有鲜明的楚文化特征。其主体由双虎、双凤、扁鼓三大部分组成，均为楠木雕刻，木胎上髹生漆，绘有凤、虎以及其他装饰图案。虎斑凤羽和装饰花纹以红、黄、黑三色为主，绘画线条流畅，形象逼真，栩栩如生。它还作为中国漆器的代表图案，以邮票图案的形态出现在第23届万国邮政联盟大会上。2004年第23届万国邮政联盟大会在罗马尼亚首都布加勒斯特召开，中国与罗马尼亚联合发行《漆器与陶器》特种邮票一套两枚，并在湖北省荆州市举行盛大首发仪式，中方邮票的图案为荆州的出土文物漆器虎座鸟架鼓，罗马尼亚邮票图案为出土文物陶器古古丹尼陶罐。邮票素有“国家名片”之称，方寸之间，彰显大千世界，代表一个国家的形象。荆州出土的国家一级文物——虎座鸟架鼓，因其深厚的历史文化底蕴、精制的外观设计脱颖而出，与罗马尼亚出土的古古丹尼陶罐组成了此次联合发行的《漆器与陶器》特种邮票的两颗世界明珠，成为中国漆器的国家名片。邮票上的虎座鸟架鼓，以两只昂首卷尾、四肢屈伏、背向而踞的卧虎为底座，虎背上各立了一只昂首引吭高歌的长腿鸣凤。在背向而立的鸣凤中间，有一面大鼓用红绳带悬于凤冠之上。虎座鸟架鼓采用透雕、圆雕、浮雕等工艺，通体髹黑漆为底色，以红、黄、金等色彩绘出虎斑纹和凤的羽毛，绚丽辉煌，雕刻和绘画工艺水平高超，反映了楚人崇尚自由、向往和平的意识和征服猛兽、不畏强暴的精神。

楚式漆器不仅偏重实用，还以象生造型突出地显现着审美功能。作为一种可“悬而击之”的鼓，它不仅具有乐器功能，神秘的造型更具象征意义，为人们带来无尽的灵感、启示与思考。虎座鸟架鼓最早发现于1957年河南信阳长台关1号墓，这种器物多出土于从春秋晚期到战国晚期的湘鄂豫皖四省楚墓中。在湖北江陵雨台山楚墓、九店楚墓、江陵葛陂寺34号墓、拍马山4号墓、望山1号墓、天星观1号和2号墓、望山桥1号墓、九连墩1号和2号墓、鄂城楚墓，河南信阳楚墓，湖南长沙楚墓、临澧九里1号墓、湘乡牛形山1号墓等楚墓中，各出土1件，目前已经发现40多件，其中湖北省出土了30多件。从墓主身份等级分析，虎座鸟架鼓主要出自士级、大夫级、卿大夫级的贵族墓葬中，属于楚国核心腹地的江陵郢都一带的丧葬习俗，是楚国国力强盛的物质化表现。

2000年，湖北省荆州市江陵县天星观2号楚墓出土的一只虎座鸟架鼓引起了众多考古学家的高度关注。这只虎座鸟架鼓通高149.5厘米，连体宽145.7厘米，座长156厘米，由立凤、卧虎、悬鼓和长方形器座组成。考古专家们发现，作为一种乐器，虎座鸟架鼓以鸟为支架，虎为座，其中还蕴含着深刻的乐理知识。根据《吕氏春秋·古乐》“听凤皇(凰)之鸣，以别十二律”的记载，可见凤凰与音乐关系密切，因此以凤作鼓架，从一个侧面反映了楚人的聪明勤劳以及丰富的想象力。屈原《九歌·国殇》：“霾两轮兮絷四马，援玉枹兮击鸣鼓。”虎座鸟架鼓是将鼓悬挂在半空中，再进行敲击演奏，是战国时期楚国所特有的一种乐器，是楚国王室等高级贵族在祭祀宴飨等重大活动时才能使用的打击乐器。这座虎座鸟架鼓采用了透雕、圆雕及浮雕工艺等多种加工手段，然后进行拼合上漆，制作工艺十分复杂。由于年代久远，大部分虎座鸟架鼓已经支离破碎，而出土的这座虎座鸟架鼓，虽历经2000多年但依然结构完好，色彩浓密，是难得一见的古代乐器瑰宝。

虎座鸟架鼓为什么选择凤鸟和虎的形象？其原因众说纷纭，有“风神飞廉”说，有“山神”说，有“引魂升天导引神”说，还有人认为它是楚战胜巴蜀的历史象征。但以图腾学解释文物的观点近年来受到很多学者的质疑。有学者研究指出，笋虡为古代悬钟、磬等乐器的架子，两旁之立柱为虡，中央的横木为笋。悬钟者叫作钟虡，悬磬者叫作磬虡。笋虡的设计以裸属、羽属、鳞属的特征为基础。《周礼·考工记》载：“羸(裸)者、羽者、鳞者以为筍(笋)虡。”裸属“恒有力而不能走，其声大而宏。有力而不能走，则于任重宜；大声而宏，则于钟宜：若是者以为钟虡，是故击其所县，而由其虡鸣”。羽属“恒无力而轻，其声清扬而远闻。无力而轻，则于任轻宜；其声清阳而远闻，于磬宜：若是者以为磬虡，故击其所县，而由其虡鸣”。鳞属“小首而长，抟身而鸿，若是者谓之鳞属，以为笋。凡攫杀援噬之类，必深其爪，出其目，作其鳞之而。深其爪，出其目，作其鳞之而，则于视必拨尔而怒。苟拨尔而怒，则于任重宜，且其匪色，必似鸣矣”。作为悬鼓的器座，选取虎座是因为能“任重”而“声大而宏”，选取鸟架是因为“其声清扬而远闻”，工匠并不是随意安排器物上各类属性的动物，而是按照悬鼓的音色特点来设计的，象形取意，体现了道法自然、与自然和谐统一的观念。

二、漆器之光

楚人生活在漆的王国，生离不开漆，死亦离不开漆。这些精美漆器，成为研究楚文化历史的重要依据。其中不乏“国宝级”的文物，如我们熟知的虎座鸟架鼓、曾侯乙豆、透雕彩绘座屏、虎座飞鸟、鸳鸯豆、猪形酒具盒、羽人、双连杯、漆奁及漆画等。在成语“买椟还珠”的故事中，楚人卖其珠于郑者，郑人买其椟而还其珠，吸引郑人的“椟”，正是楚国的漆盒。楚式漆器是器物与文化的结合，一件件精美的楚式漆器，体现着有着八百年历史的楚国的文化内涵，从这些漆器中我们可以看到楚人当年的日常生活百态。

春秋战国至秦汉时期漆器工艺的繁荣发展是时代的选择——以青铜器为代表的宗法贵族阶层逐渐没落，井田制的瓦解和土地的私有化，使通过奖励耕战而逐渐获得地位的中下地主阶层选择轻便灵活社会性生活用具。青铜器皿笨重且不便清洗，瓷器尚未诞生，髹漆之器以轻便、美观、耐用、抗腐蚀等优点，一跃成为新兴地主阶级和中下层民众生活用具的主角，这一系列客观因素使得漆器成为时代的选择，成为日用生活器的重要载体。杨明对《髹饰录》作序曰：“或用诸燕（宴）器，或用诸兵仗，或用诸文具，或用诸宫室，或用诸寿器，皆取其坚牢于质，取其光彩于文。”“髹”是指用漆来漆东西，“以漆饰物谓之髹”。各地出土的漆木器，举凡家具、饮器、乐器、兵器、礼器、文具、丧葬用具、交通工具等莫不尽有，胎有木、竹、皮、藤、陶、夹纻等，装饰以描漆为主，兼有针划、镶嵌。地处长江中下游的楚国，气候温润，盛产木材，漆器工艺尤其发达。湖北江陵和随县、湖南长沙、河南信阳等地楚墓出土的战国漆器，以天真的情感表达与烂漫的想象装饰，成为中国漆器工艺史上的典范。

春秋战国楚墓中，漆木礼器的数量增多，器型丰富，同时青铜器逐渐减少，反映出漆器工艺的日渐成熟，也体现了漆器制作的社会化程度日渐提高。漆器获益于当时商品经济的发展，反过来又为手工业商品经济的发展推波助澜。一方面，战国中期的漆器手工业，逐渐脱离木工，成为独立的手工业部门，有着官营和私营的生产基地。当时已经出现专门培植漆树的园圃，由私人经营，并有国家部门征收赋税。手工业经济的繁荣发展，使得大量漆器以商品流通的方式进入市场，在日用商品的商业活动中占有重要地位。另一方面，伴随着冶铁技术的提高，漆器制胎和金属加工的水平得以提高，完成了在漆器上用金银片镶口沿、包底边、加腹箱等操作，这样制成的器物也称扣器，适应胎骨减薄而采取的加固措施，提升了美观性，成为战国漆器中的珍品。当时关于在不同器物上的髹漆已有严格规定。例如，《考工记·轮人》记："是故六分其轮崇，以其一为之牙围。参分其牙围而漆其二。椁其漆内而中诎之。"《考工记·弓人》载："九和之弓，角与干权，筋三侔，胶三锊，丝三邸，漆三斞。"又如《春秋·庄公二十三年》载："秋，丹桓宫楹。"《穀梁传》注曰："礼，天子、诸侯黝垩，大夫仓，士黈，丹楹，非礼也。"漆器工艺的制作也朝着专业化、规模化、组织化和细节化的趋势发展，生产模式的进一步优化升级也促进了漆器制作的繁荣。漆器几乎渗透了楚人生活的方方面面，包括日常用具、丧葬用具、娱乐用具、交通用具和兵器等，成为人们必不可少的物质生活资料之一。

楚地漆器除了虎座鸟架鼓以外，还有不少精品堪称楚式漆器之光。如湖北江陵望山1号楚墓出土的彩绘木雕小座屏（也有学者认为同类器物为瑟座，即放置瑟的底座），整体为规则的横长方形，下有座，在长51.8厘米、通高15厘米的横框内和底座上，以圆雕、浮雕、透雕和彩漆涂绘结合，对称地呈现出凤、鸟、蛇、蛙、鹿等55种动物。木屏底部的两端着地，中部悬空，底部及周边满布浮雕蟒蛇，上部立雕两只青蛙，皆极为生动写实。屏面穿插镂空透雕着凤、鸟、鹿、蛇，展现其彼此争斗的场面，屏面竖嵌于屏座之上。制器工匠这种对自然对象、生命形态体察入微，加上巧夺天工的透雕与浮雕技法，将大千世界浓缩于方寸之中，使得各种动物形态自然逼真，其造型之生动、画面之合理、布局之精妙实在是让人叹为观止。彩漆历时2000余年仍然灿烂缤纷，其意匠不在于表现某个具体动物，而在于表现由若干动物映照出的大自然的生命律动，整体意象构成了不可捉摸的神秘意蕴。正如屈原《离骚》描写的"吾令凤鸟飞腾兮，继之以日夜……吾令丰隆椉（乘）云兮，求宓妃之所在"，漆绘动物展现的流畅的自然线条和旺盛的生命律动，产生了极为感人的艺术魅力。

楚国漆木器大多以自然界为创作主体，所以这类文物极为丰富，它们都充满生活情趣，其创作的主旨虽以实用价值为主，但并非完全为了使用，而是融使用、情趣和观赏于一体。如包山2号墓出土的凤鸟双联杯和鸟首衔珠带流杯，器形为仿生设计，造型生动活泼又别出机杼，凤鸟遍身以堆漆法浮凸出器身，以红、黄、金三色彩绘着象征羽毛的鳞状纹，凤首昂起的口中衔着1颗彩绘漆珠，衔珠上绘有6个红黄相套的圆圈纹。凤鸟的双翼雕刻在筒杯前壁，宛如振翅飞翔，杯身绘有二龙相蟠，龙均一首双身，龙首相对，龙身绘以勾连纹、点状太阳纹，杯底亦用红色绘出双龙与变形卷云纹，极具楚文化艺术风格。整件器物长17.6厘米、宽14厘米、高9.2厘米。这件双联杯是先秦时期新婚夫妇行合卺之礼所用的酒杯，展现了养育子女的婚姻责任与对婚姻的美好寄托。包山2号墓出土有彩绘人物车马出行图圆漆奁，此奁为圆形、直壁、平底的夹纻胎器物。整个器物由盖和身两部分组成，以子母口扣合。其用途是放置些小件物件，如化妆品等。奁内壁髹饰以红色漆，外壁髹黑漆后继以红、黄、蓝、棕色大漆彩绘。盖顶绘两组凤鸟纹，盖壁绘一幅出行图。腹壁处绘几何形云纹，腹底外围有一组两方连续的“丫”字形几何纹样，其间填有云纹图案。该件文物高不足5厘米，周长约60厘米。它的奇妙之处在于奁周绘有一幅漆画，画面由朱红、枣红、熟黄、棕黄和翠绿等几种颜色描绘出车4架、马10匹、各种人物26位、树5棵、大鸟9只、犬2只、小猪1只。画面人物或昂首端坐，或俯首倚立，或扬鞭催马，或急速奔跑，俱神态逼真，配以轻扬的柳枝、空中的雁行、奔跑的小猪小狗，整个画面丰满，彩绘交相呼应，多而不繁，使这件器物显得既光彩夺目，又典雅庄重。

1978年，在湖北随州市曾侯乙墓出土了大量珍贵文物，其中一件彩绘乐舞图鸳鸯漆盒非常有特色。这件鸳鸯漆盒距今已有2400多年，图案精美、造型别致、颇富情趣，堪称战国漆器的代表作。漆盒长20.1厘米、宽12.5厘米、高16.5厘米，呈鸳鸯形，颈下有一圆形榫头，嵌入器身颈部的卯孔内，

彩绘人物车马出行图圆奁(湖北省博物馆　供图)

1987年出土于湖北荆门包山2号墓。该文物系2000多年前楚国贵族的妆奁

使头可以自由旋转。器身肥硕，由两部分胶合而成，器物中空，背上有一长方形孔，承一长方形浮雕夔龙盖。翅膀微上翘，尾部平伸，足作蜷曲状。器身以黑漆为地，饰以艳丽的鳞纹、锯齿纹、菱格纹等。器腹右侧绘击鼓图，图中兽为鼓座，鼓的一旁绘一兽拿两个鼓槌作击鼓状，另一旁绘一高大佩剑武士，正随着鼓声翩翩起舞。器腹左侧绘撞钟图，以两鸟为立柱，立柱分上下两层，上挂两钟，下悬两磬，旁有一似人似鸟的乐师，拿着撞钟棒正在撞钟。此图为研究曾侯乙墓出土的乐器的演奏方法提供了形象的资料。

彩漆木雕鸳鸯漆盒(湖北省博物馆　供图)

1978年湖北省随州市擂鼓墩1号墓出土，是曾侯乙墓出土的第一件文物。漆盒腹部的神兽奏钟图揭开了编钟演奏之谜

三、制器之道

（一）器以藏礼

中国的礼乐制度有着“崇礼尚器”“器以藏礼”的人文思想，作为礼器和实用器的漆器也遵从这一原则。《左传·成公二年》云：“名以出信，信以守器，器以藏礼，礼以行义，义以生利，利以平民，政之大节也。若以假人，与人政也。”杨伯峻注：“制定各种器物，以示尊卑贵贱，体现当时之礼。”按照礼制的要求，用于祭祀和实用的漆器具有确立主人身份地位、显示尊卑贵贱、表达虔诚和敬畏、象征使用者的权力和地位等作用，因此，漆器具有器以藏礼的重要内涵。许慎《说文解字》：“礼，履也，所以事神致福也。从示从豊。”所谓“豊”，乃“行礼之器也，从豆，象形”。所以“礼”字正是从“豆”的字形中象形而来的。漆器被广泛用于五礼中：吉礼（祭祀）、凶礼（丧葬）、军礼（军旅）、宾礼（宾客）、嘉礼（冠

龙蛇座花瓣盘漆豆
（湖北省博物馆　供图）

2002年出土于枣阳九连墩1号墓。盘由16片花瓣黏接盘底而成，柄、座由整木雕刻的一龙一蛇纠结而成，表现出龙争蛇斗的画面

婚)。如随葬不同类型、纹饰的漆器,显然与墓主人的等级身份有着密切关系,随葬品也是先秦丰富礼乐文化的重要表现形式之一。

作为礼器的豆,常常与漆鼎、漆俎等同出,形成了一套漆礼器的组合。漆器多出于中型墓,器型有豆、觚、罍、壶、簋、杯、盘、俎、彝,以豆居多。1973年至1989年发掘的西周时期贵族墓地——琉璃河燕国墓地,出土各类青铜器、陶器、玉石器、漆器、骨蚌器等数千件。其中出土了一套令人耳目一新的西周漆器,数量丰富,器类齐全,装饰手法多样,图案纹饰精美,是西周时期具有代表性的漆器遗存,应是祭祀时使用的一整套漆器器具。由此可知,漆器作为吉礼中的祭器从西周时期就已经存在了,并被用以供奉天地鬼神、显示尊贵身份。楚人也继承了这一传统,战国楚墓枣阳九连墩2号墓出土了一部分保存较为完整的漆木礼器,华贵优美、富丽堂皇,共106件(套)115件。其中,有漆升鼎5件、漆簋8件、漆簠4件、漆敦2件、漆盒4件、漆鬲

漆升鼎(湖北省博物馆　供图)

2002年湖北枣阳九连墩2号墓出土。通高36.9厘米,口径40厘米,两耳间距56厘米

11件、漆方壶4件、方豆2件、盖豆2件、豆12件、俎30件等。这是先秦楚墓出土的器型最精美、类别最全面、造型最别致的一套漆木礼器。这些漆木礼器，是仿照青铜器的器型而制作的。其中一件龙耳漆方壶，是仿青铜方壶制作的酒器，通高79.2厘米，口长25.6厘米，口宽24厘米，腹径35厘米。酒器呈方唇、长颈、方鼓腹，顶部有盖，颈部两侧有木雕龙形耳，方壶底部四角有四兽足承托。东周礼器中常见此类形态的青铜方壶，但仿铜漆方壶则非常少见。可推知，当时楚国的漆器已经广泛应用于生活中的方方面面，甚至取代了部分青铜器的功用，作为祭器、食器、酒器、水器等器物之用。楚人继承了商周礼制，并在东周时期融合当地的土著文化，超脱中原地区严肃规整的写实风格，逐渐形成工艺品飘逸绮丽的浪漫作风。尽管如此，但漆器藏礼的本质属性仍在，在祭祀、饮食、宴请、婚丧、外交等礼仪场合中具有明贵贱的重要标志。用它们装载食物、酒水等来供奉，以表示对天神、地祇、人鬼的尊敬，为人们获取福报，同时利用数量、类型、大小、色彩、纹饰、组合等来显示主人的身份、地位、等级和权

龙耳漆方壶

2002年湖北枣阳九连墩2号墓出土。喇叭状浅圈足，颈中部有对称回首龙耳，圈足四角各有一承托双翅矮足兽；颈中部至腹部各面有扉棱；盖上部外撇，无顶；外壁分段及盖口部、上内壁和耳有红、黄、银白彩绘绹索、勾连卷云等

漆方壶(湖北省博物馆　供图)

2002年湖北枣阳九连墩2号墓出土。系仿铜盛酒器,通高44.3厘米,口径10.4厘米,腹径20.2厘米

力，具有与青铜礼器同样的“辨等列，敬鬼神”的礼制功用。

漆器被髹漆、雕刻、纹饰为华美之器，不仅仅是为了人们感官上的愉悦，更重要的是为了显示礼制的社会功能。《荀子·礼论》曰：“凡礼，事生，饰欢也；送死，饰哀也；祭祀，饰敬也；师旅，饰威也。”可知礼制的作用之一，是起到不同效果的缘饰作用。而用于宴饮或祭祀的器物，成为礼制的体现。如《礼记·礼器》中记载：“天子之豆二十有六，诸公十有六，诸侯十有二，上大夫八，下大夫六。”漆器中常见的漆豆，按照政治地位的尊卑，人们使用的豆的数量不同。《礼记·乐记》曰：“簠簋俎豆、制度文章，礼之器也。”如出土于雨台山M427的彩绘鸳鸯形漆豆，是战国时期器物，高25.5厘米，口径18.2厘米，盘深5厘米，由木胎雕制而成。这件彩绘鸳鸯漆豆由带盖的深盘、细把、喇叭形座接榫而成。这件豆由两部分组成，上为盖、下为盘，但盖和盘组合在一起就成一只侧视的鸳鸯，若将其放在几案上，这只鸳鸯会悠闲、静谧地面对着观赏者。盖与盘以子母口相扣合，内呈椭圆形，外作静睡的鸳鸯

漆簋（湖北省博物馆　供图）

2002年湖北枣阳九连墩2号墓出土。通高27.4厘米，口径23厘米，宽23厘米

漆簠(湖北省博物馆　供图)

2002年湖北枣阳九连墩2号墓出土。系盛食器,通高24.6厘米,长30.2厘米,宽24厘米

状，即鸳鸯作盘颈侧视、双翅收合、蜷爪、尾略上翘状。其头、身、翅、脚、尾等均系浅浮雕，雕工精细，形象逼真。这件鸳鸯豆造型庄重沉稳，雕刻精美，描绘考究，既具实用功能，又具有很高艺术欣赏价值，是当时楚国贵族结婚时使用的工艺品。1978年，随州曾侯乙墓出土的彩漆木雕龙凤纹盖豆，通高28.3厘米，口长21.6厘米，宽17.3厘米，由木胎雕制而成。它由盖、器身两部分构成，并分别以整木雕就。盖为椭圆形隆起，两侧有新月形缺，以便嵌装方形浮雕器耳。盖顶中心浮雕两条相互蟠绕的龙，周边饰变形云纹、凤纹，两端各有五组浮雕的龙首或龙身纹样。器身的盘亦为椭圆形，盘浅胎厚，两侧附加浮雕方形大耳，耳的四面透空，方耳的五面亦有浮雕龙纹。圆形豆柄上粗下细，座大底平。豆盘内与盖内髹红漆，其余均髹黑漆，并用红、金色彩绘花纹：盘外侧上部饰云雷纹，下部在网纹上饰蟠螭纹，柄与座饰变形云纹图案。使用精美的漆器，已经成为贵族阶层显示身份、体现尊贵地位的社会风尚。

彩漆木雕龙凤纹盖豆
（湖北省博物馆　供图）

1978年出土于湖北省随州市擂鼓墩1号墓。型制仿自青铜盖豆，全器雕龙画凤、色彩斑斓，又不失庄重典雅

大量漆礼器的出土，显示出漆器与礼乐制度的密切关系，其地位虽不及青铜器，但不少器型是仿照青铜器制作的，并在社会日常生活中广泛使用，成为表达礼制的重要载体。甚至一些漆器，如棺椁、木俎、镇墓兽、车舆、弓箭等，其功用是青铜器不可取代的。从漆器的角度展开对先秦礼制的研究，可以加深对先秦时期楚国政治制度、宗教信仰、休闲娱乐、经济形式、军事用具等领域礼仪性的认识。

（二）自然之道

人地和谐共存是最原始的生存方式，中国古代哲学中的自然之道，其精神实质就是尊重自然，人类的活动要遵循自然的规律。自然万物的丰富性是人类造物制器的源泉，自然世界中的无限生机与活力是人类造物设计的不竭动力。老子《道德经》五十一章："道之尊，德之贵，夫莫之命而常自然。""自然"是道的存在状态，是善美的来源，具有最高价值。而顺应天道、"而常自然"是宇宙间万物运动的真谛。《考工记》曰："天有时，地有气，材有美，工有巧：合此四者，然后可以为良。"楚式漆器正是融合了"尚法天地，天人合一"制器思想的美材。漆器的制作是循自然之律，应自然之利，顺自然之时——漆液、木材源于自然，工匠让自然材料经过加工制作，创造出一种展现人与自然和谐共生的理想器物。楚式漆器中常常出现虎、鹿、鸟、蛇、蛙、莲花、柳树、扶桑树、四瓣花、卷云纹、云雷纹等图案，表现出"万物共生""天人合一"的思想理念。他们认为人、动植物、自然界之间是一个和谐体，传递出人与自然和谐相处、尊重自然的处世之道。

楚式漆器制器工匠在漆器制作过程中，逐渐形成了一些群体内部所认同的工艺思想，诸如"顺时应气""割漆不死树"等。这些工艺思想无不闪烁着制器工匠对于漆器技艺"心与手相合""工与艺相契"的价值诉求。这些精髓可以说是漆器技艺最本质、最核心的部分，其在历史中逐渐演化为代代相传的工艺理念，直接影响着漆器技艺赓续的思想维度。以其取材来说，楚式漆器取材自然，多用楠木、梓木，这些木材抗腐耐蚀，是漆器胎体的绝佳材料。漆器制作另一重要原材料漆液也是从天然漆树而来，在割树取漆的过程中，漆工需要充分考虑切口数、切口角度和树木本体三者之间的关系。长期以来，割漆工形成了“不割幼树”“不割大刀口”“不割长刀口”“不割密刀口”的割漆准则。在割漆时，遵从循环割法，不割断树的经脉，以使漆树伤口愈合快，缩短轮歇年，提高资源利用率，切实做到保护漆树资源，保护生态环境，谓“割漆但不死树”。反观日本的割漆方法，却常常采用横刀口，即沿着漆树的树干一圈圈地割，这种割法一次性出漆量大，但极易割断漆树经脉，导致漆树死亡，属于一种掠夺性资源开采[①]。

器物的制作，最终的目的都是为人所用。因此，工匠在制器过程中，也时刻牢记“致用利人”的工艺思想。“致用利人”是指制作物品时要讲究功能、具有实用性，使器物与人有利。《管子·五辅》云：“古之良工，不劳其知巧以为玩好。是故无用之物，守法者不失。”《墨子·鲁问》有“利于人谓之巧，不利于人谓之拙”的言说。自古以来，工匠制器莫不是以“用”作为首要原则，“实用”也成为民间工艺亘古不变的制器准则，制作楚式漆器同样遵行。漆器的实用性主要体现在四个方面：一是漆器触感温润，质地轻巧，适合日常使用及外出携带；二是一般以木质或皮质作胎体，上漆固化以后非常坚硬，耐用且韧性佳，抗摔经跌；三是漆器防潮防腐，耐酸耐蚀，楚式漆器更因采用榫卯结构，相对于一次性成型的漆器，更利于长久保存，出土于2000多年前完好的楚国漆器便是最好的例证；四是干漆具有药用价值，《本草纲目》有“漆性毒而杀虫，降而行血”，其可破瘀、消积、燥湿、杀虫等。民间爱漆之人认为漆器养人，常用漆器，可改善皮肤状态。漆器制造者能很好地选择材料、利用材料的特点，使器物在材料、技艺、匠心的共同作用下合乎自然之道、彰显自然之美。

---

① 汪笑楠：《楚式漆器的工艺思想及传承理念研究》，《山东工艺美术学院学报》2018年第1期。

四、空灵之美

漆器源自实用需求，涉及生活的方方面面，在衣、食、住、行、礼等方面发挥着重要作用。漆器按使用功能可以分为六类：饮食用器、家居用器、丧葬用器、乐器、车马器、兵器。饮食用器包括了当时生活用品的盒、豆、盘、奁、壶、杯、耳杯、筷子、梳、篦、俎；家居用器有几、案、卧床、枕；丧葬用品有葬棺、椁、镇墓兽、羽人、虎座飞鸟、鹿座飞鸟、卧鹿、苓床；乐器有鼓、虎座鸟架悬鼓、鹿鼓、琴、瑟、笙、排箫；车马器有伞构件、车辕、车栏、船等；兵器有漆弓、漆盾、甲胄、剑及一些附件物品。楚墓中的战国漆器种类繁多、工艺精湛、造型别致、纹饰华美，楚式漆器的制作工艺与国内其他地区的传统漆艺有诸多相同点，也有很多独到之处。

（一）制胎技术

楚式漆器制作中常见的胎骨有木胎、皮革胎、夹纻胎、竹胎、藤胎、铜胎、皮胎、骨胎、角胎等多种。其中，木胎数量最多，制作最为精巧，最能反映楚式漆器的工艺水平。

1.木胎

木胎是现代楚式漆器制作中最常见的一种胎体，有厚木胎、薄木胎和整木制作分体合成三种情况。厚木胎多制作器型较大的漆器，如俎、禁、案、壶、酒具盒等；薄木胎制作的漆器器型较小，如耳杯、盘、卮、奁等；整木制作分体合成的大多是以雕刻为主的漆器，由两种或两种以上不同形象复合而成，有动物合体或人兽合体，如羽人、镇墓兽、虎座飞鸟、虎座鸟架鼓等。木胎多以香樟木、楠木等成年老木为料，雕刻技法有圆雕、透雕、浮雕等，榫卯结构制作胎体是最大的特色，如大型器物虎座鸟架鼓、虎座飞鸟都是通过榫卯结构来完成的。

木胎的工艺制作方法主要有斫制、卷制、镟制和雕刻四种。

斫制多用方木条、扁木板制作而成，一般是由器物的两端锯制，再用斧、凿等工具斫制成器。多用于器型较厚重的簋、簠、扁壶、盘、樽等。

卷制是利用木材易弯曲的柔韧性，先将木材制成方而长、厚薄程度均匀的木片，卷成圆筒形或椭圆形等器形后，用骨胶或生漆进行黏结、嵌合定型，既起到美观作用，使器体变得轻巧，又起到加固作用。主要用于制作圆形且胎体较薄的直壁漆器，如奁、卮等。

镟制是用轮旋刮削的方法制成器物的外壁，然后再凿空其内部。多用于胎体较厚的圆形漆器，如鼎、敦、圆盒等。

雕刻是采用透雕、圆雕、浮雕等方法制成所需的形状，再加以拼合成型或加工成型。拼合成型是靠打眼开榫头将各个部位拼接黏合而成，加工成型是整木雕刻成型后黏结成器。圆雕技艺制作出了楚漆器中许多富有艺术特色的器物，其制作方法分为两种：一是先把木料加工成基本器型的粗胚，再在粗胚的木料上雕刻，如楚墓棺内的透雕笭床、浮雕的漆瑟等器物就是这样制作而成的；二是先用大大小小的木雕雕成各个部分成型的胚料，再采用粘连、榫接等方法将各部分连接为完整的器物，如虎座鸟架鼓、镇墓兽等漆器就是采用这些方法加工成型的。

2.皮革胎

皮革胎主要以牛皮为料，具有轻巧、柔软、易于成型、不易开裂等优点，是制造甲胄的好原料，但皮革又有怕潮湿、外表不美观的特点，需经过特殊的处理才能使用。所以楚人在制作甲胄时往往要进行髹漆，如虎座鸟架鼓上的悬鼓就是牛皮翻制而成。

3.夹纻胎

夹纻胎俗称“脱胎”，《髹饰录》中将其记为“重布胎”，多以纻麻夏布为料，在制好的石膏模上先刮漆灰再贴夏布，在夏布上挂漆灰反复多遍即可成型，待干后，去掉石膏模，磨光表面，使器型标准，即成胎体。夹纻胎漆器具有坚实精巧、容易成形和批量生产等特点。夹纻胎漆器是战国中晚期开始出现的胎骨制作工艺,如湖北江陵马山1号墓出土的一件夹纻胎彩绘漆盘,器内外均黑地,朱绘各种云纹和风鸟等花纹图案。

4.竹胎

竹胎多以三年以上的南竹为料,经过蒸煮、晾干后使用,楚式漆器制作中多以竹的天然形态为基础,经过加工处理后,直接髹涂彩绘,如竹扇、竹笥、竹筒、弓和兵器杆等。

5.陶胎

陶胎以泥为材料塑造成型烧制,然后髹涂彩绘纹样。

6.铜胎

铜胎以铜为料,铸模成型,多用于铜镜、铜壶等制作,用于器面的纹饰彩绘。

7.藤胎、骨胎和角胎

藤胎主要用作戈、戟、殳、矛等长柄兵器的杆或柲;骨胎漆器主要是马镳;角胎漆器主要是虎座鸟架鼓、虎座飞鸟、卧鹿等器物鹿角上的彩绘纹饰。虽然这些胎体在楚式漆器髹饰技艺制作中都有出现,但楚式漆器制作中多以木胎、夹纻胎为主。

(二)装饰纹样

楚国漆器的装饰纹样也极为丰富多彩,以工艺精致与华彩瑰丽而闻名。主要包括有动物纹样、植物纹样、自然景象纹样、几何纹样、社会生活和神话传说纹样等五种装饰纹样。[1]纹饰主要是用写实与夸张变形两种手法来进行的,采用线条相互勾勒交错,构成各种各样的图案。战国漆器的纹饰也比过去具有更浓郁的装饰意味。

1.动物纹样

战国漆器中动物纹样多是龙、凤、鸟、虎、鹿、猪、蛇、鹤、蛙、朱雀、鸳鸯、变形凤纹、变形鸟纹、怪兽纹、蟠虺纹、窃曲纹等。如湖北江陵凤凰山出土的

① 陈振裕:《楚文化与漆器研究》,科学出版社2003年版。

彩绘三鱼纹漆耳杯，耳杯内部用金、红、蓝色粉绘一只凤鸟与三条游鱼，色彩鲜艳，生动形象。龙凤纹作为中国传统的装饰图案，也被广泛地运用在日常生活的盘、杯等漆器上，且形式多样。

2.植物纹样

战国时期的楚国漆器逐渐出现树木、花草等植物作为装饰纹样，如柳树、扶桑树、树纹和四瓣花等，这些纹样在漆器中所占比例较少，而且只起衬托作用。

3.自然景象纹样

楚国漆器上的自然景象纹样，主要有卷云纹、勾连云纹、水波纹、勾连雷纹和波折纹等。这些纹样，一般都与其他纹样组合成一个完整的图案，并作为辅助纹样。从目前出土的漆器来看，云纹是运用最多的纹饰，被广泛装饰在各种类型漆器上，并且形态多样。

4.几何纹样

战国时期楚国漆器上装饰的几何纹样，主要有圆卷纹、涡纹、菱形纹、方块纹、方格纹、方格点纹、点纹、三角形纹和弧线纹等。几何纹通常是其他纹样的陪衬，如上面提到的双凤纹耳杯，在其耳上与口沿内外就绘有卷云纹、几何纹等图案。

5.社会生活和神话传说纹样

生活题材的纹样大多出现在一些日常用具上，有车马出行、歌舞、宴乐、狩猎等场面。如湖北荆门包山2号墓出土的漆奁，在漆奁盖部的外壁用土黄、橘红、海蓝、棕四色漆，描绘人物、骖车、大雁、狗、树等图案，构成了一幅生动的贵族生活画卷。神话传说的装饰纹样也有一些，如曾侯乙墓的一件漆衣箱盖上绘有后羿射日等图案。

（三）髹饰工艺

漆器髹饰技艺工序繁复，需要雕刻、打磨、彩绘等十余道工序，胎做成后要进行上漆，再在漆上面画上花纹，制作一件漆器，有时耗时一整年。楚式漆器的装饰艺术也处在当时领先的位置，并与造型艺术、绘画技艺一起发展。装饰手法主要有描漆、描金、针刻、金属构件等。

最常见的手法首推描漆，多是用笔蘸不同的色漆在已经提前漆好的器物上描绘图案，搭配缤纷的色彩和神奇的构思，勾画出一个光怪陆离的神话世界。楚国漆器的线条运用讲究流动之美，各种条纹的勾勒流畅不滞，令人回味无穷。平涂设色中又能兼顾渲染，一边单线勾描，一边变化风格，把粗细得当的线条安排得疏密有致，刚柔并济；淡浓相宜的着色中又有明显的深浅分别。在着色上又讲究色彩的艳丽和色调的和谐，善用红、黑、黄、蓝、褐、金、银这七种颜色，以红、黑的“朱画墨染”最为常用和经典。但这七种颜色的使用并没有贯穿楚国漆器发展的整个时期，直到战国中期才出现金、银、蓝、黄四色，使得七色俱齐。描绘技巧相当娴熟、设色和谐悦目、器型统一实用，表现出楚国漆器在装饰艺术上的高水准。

描金又名泥金画漆，即在漆地上加描金花纹。用笔蘸金银粉，在漆器上描绘装饰图案，使得漆器金碧辉煌，光芒四射。如长沙仰天湖26号楚墓出土的彩漆雕花苓床就大量运用了金银技法来描绘。

针刻是在漆地上刻画花纹，从而形成雕饰为不同图案层叠立体效果的装饰。它是楚国漆器的装饰特色之一，这种方法制作出来的漆器，纹饰细若游丝，流动奔放，有着极强的飘逸感，在刻画云纹和动物奔跑方面有着极佳的效果。

扣器是战国中期的漆器与金工相结合的产物，即多在木胎制成后安上铜环、铜蹄足、铜铺首衔环等青铜构件，然后髹上漆，再描绘各种花纹图案。许慎在《说文解字》中说：“扣，金饰器口。”凡是用金属加固和装饰器物口沿的，就叫扣器。如荆州天星观2号墓出土的一件三兽蹄足漆奁，就加饰了铜蹄足和铜铺首等，这也是楚漆器的特色之处。

五、千年传承

如果说中原漆器偏重实用，楚式漆器则以象生造型突出地显现着审美功能。河南信阳长台关1号楚墓出土的漆锦瑟残片，黑漆为底，用黄、红、赭、灰绿、银灰、金等九色油漆勾勒平涂，描绘了狩猎、舞蹈、奏乐、烹调、宴饮、娱神场景，与神灵鬼怪场面交织，黑漆恰到好处地传达出了深沉虚幻的氛围，绚丽的色彩、剪影般的形象又渲染出奇丽热烈的情感，漆器图案中所蕴含的旺盛的生命律动，产生了极为感人的艺术魅力。

楚国漆器成为繁荣的战国漆器的代表，不仅对当时中原地区和巴蜀地区的漆器生产工艺产生了很大的影响，也承上启下地影响了秦汉漆器的制器风格。秦朝国祚短暂。湖北云梦睡虎地12座秦汉墓葬出土大批秦代漆器，造型敦实，彩绘工整简略，风格趋向平实，是秦代漆器最为重要的遗存之一。西汉昭帝始元二年（前85年）到东汉明帝永平十二年（69年）这150余年间，是汉代髹饰工艺最为兴盛的时期。西汉将漆木器记作"木器髹者"（见马王堆西汉墓出土的遣策）；也是在西汉，"漆器"之名出现，《汉书·贡禹传》颜师古引注如淳曰："工官，主作漆器物者也。"漆器从"木器髹者"中独立而出，是生产力和工艺发展的产物。

汉代漆器一扫商周漆器神秘严谨的氛围，较战国更舒展活泼、自由奔放。它既有楚文化的浪漫，又表现出人对客观世界的征服欲望。其题材或以龙凤、四神、四灵、云气等组合，表现出神化天地的玄妙灵动；或反映现实生活，宣扬忠孝节义，将楚人的奇思妙想寓于高超的写实技法之中。其色彩仍然以红、黑两色为基调，以彩绘为主要装饰手段。汉代漆器彩绘的高妙，在于展现无始无终的游走韵律和强烈律动及其所传达的生命感受。从太极图衍变出来的不对等的"S"形曲线，有无始无终的、流动的旋律美。江苏扬州汉代漆器上游走的云气纹、奔逐于天地间的奇禽异兽，体现了当时人们上天入地的奇思妙想，是当时人们宇宙图式的集中体现。在湖南长沙马王堆1号汉墓出土套合的四层棺木，从外到内分别为黑漆素棺、朱地彩绘棺、黑地彩绘棺、锦绣漆棺。四层木棺，都在内壁髹朱漆，外壁的装饰各有不同。棺盖和棺身彩绘有仙山、瑞兽等图案，流动飘逸。

战国至秦汉的500多年时间里，中国出现了第一次漆文化高潮。漆器以其轻便、耐用、华贵等特性逐渐代替了青铜器，并深入到物质生活的方方面面，如饮食器、酒具、妆奁、乐器、家具、车马器、建筑材料、丧葬用品、兵器等，可谓无所不用。南北朝时期，物美价廉的瓷器逐渐兴起，在食器方面逐渐取代漆器成为主流；但在建筑、家具方面，漆器仍占据举足轻重的地位。宋、元、明、清时期，漆器工艺出现了第二次高潮。宋代的"一色漆器"广为流行，明清时期的日常生活漆器极为普及，衣食住行用的大小器物，从舟船车轿到杯盘碗碟，都离不开漆器。20世纪20年代，随着科技的进步，合成涂料出现，漆器逐渐走向衰微。可见，漆器的兴衰与所处时代物质生活文化的发展息息相关。

六、再现光芒

春秋战国时期的楚国漆器恢诡谲怪、神秘浪漫，世人皆为之惊叹。虽然楚国早已消亡，但同当年楚国漆器风格、工艺特征一脉相承的漆器工艺却一直在其诞生腹地荆州持续地传承，经历了2400多年。

荆州自古就是江汉平原的经济和文化重镇，南临浩浩长江，北有悠悠汉水，西靠三峡崇岭，东接百里洞庭。这里属亚热带季风气候，适合优质树木生长，春秋战国时期盛产金丝楠木，多种植漆树，直到20世纪50年代荆州城内仍种植有大片漆树。长江中游的荆江段曾多有沙金，《荆州府志·物产》中记载："荆南府枝江、江陵县赤湖城至鼎州皆商人淘采之地。"荆州自古就是优质木材、生漆和黄金的产地，丰富的物产，为楚式漆器的成就提供了就地取材的条件，也促使荆州成为璀璨的楚文化发祥地。楚式漆器髹饰技艺成熟于春秋战国时期，被认为是中国古代漆器工艺的第一次高峰。2000多年来，这一独具东方文化特色的荆楚传统技艺，一直在荆沙地区不断传承。榫卯髹漆彩绘木雕类、金漆盆盘类为其主要漆器品类。

新中国成立以来，荆州地区楚墓中漆器陆续出土，已超过一万件。这些漆器历经千年，仍然保持富丽光彩；其颜色能够经久不衰，楚式漆器技艺的魅力可见一斑。人们惊讶地发现，出土文物中2000多年以前的捧盒、茶盘、茶食盒等，居然与新中国成立初期本地人生活所用的物件完全一样。荆州市群艺馆的专家经过考证发现，秦汉以后镇墓兽之类的漆器已经罕见，但鼓架类的挑鼓架、背鼓架，艺术品类的座挂屏、摆件和金漆盆盘等实用工艺品，则一直兴盛至清末和民国年间。元末生产的金漆盆盘和明代生产的朱漆盒曾闻名全国，晚清生产的成套髹漆木雕“十殿阎君”“八仙过海”“大闹天宫”还曾远销到南洋群岛、美国、日本和印度。宣统元年（1909年），沙市金漆盆盘还在巴拿马国际博览会上获得金奖。1927年第23卷第7号《东方杂志》在《沙市》一文中还记载了“沙市多漆工……大宗盆桶等木器加以油漆，平匀光洁，咸称佳品，故漆器为沙市特产一大宗也”。在日军侵占沙市以后，由于经济萧条，金漆盆盘的生产逐渐停滞。直到20世纪70年代，由于荆州地区楚墓考古发掘出土了大量精美漆器，为适应市场需要，荆沙地区又开始出现以仿制楚漆器为主的制作漆器的小作坊，生产鸳鸯凤鸟造型的文房用品，如砚盒、笔架、纸镇、印泥盒等。在2000多年不断的传承中，楚式漆器技艺发展脉络清晰，从最开始的贵族身份象征到普通百姓家中的生活用品，漆器的品类越来越齐全，技艺越来越精繁。各种胎质，各样形制，应有尽有，雕镂刻画、镶拼巧饰无所不能。最有特色的则是榫卯彩绘木雕、金漆盆盘和甲骨胎漆器。

金漆盆盘原指楚漆器中的杯盘盒勺，元末明初开始在荆沙制作，并以“金漆盆盘”的名声远近闻名，直到20世纪初期仍是地方特产中知名品牌。

荆州、沙市合并前，由中国地图出版社编绘出版的各种《中华人民共和国地图集》里，在仅有80个字的沙市市简介中，就用了13个字介绍沙市市“手工业品以‘荆缎’、金漆盆盘著名”。荆沙金漆盆盘包括盆类的澡盆、脚盆、高脚盆（腰子盆）、脸盆、鞋盆；桶类的提桶、座桶（座鼓子）、站桶；盘类的茶盘、串盘、果盘；盒类的提盒、首饰盒、茶食盒；屏类的挂屏、座屏、屏风；家具类的圈椅、圆桌、方凳、火盆座（架）等。荆沙金漆盆盘采用的木料，一般要存放两年以上，待完全干燥后，才能加工制作成白胚器物，然后再用天然国漆经过磨光、刮灰、砂光、清灰、上漆、绘画、描金等十八道工序制作而成。

楚式漆器中的瓜果胎和甲骨胎为全国稀有胎类，颇具特色，是楚国先民对自然物进行加工美化后的产物。荆州高台28号汉墓就曾出土了一件用半边长柄葫芦髹黑底漆，绘红色纹样的勺子。在荆沙地区，民间一直有用葫芦经髹漆绘画制成酒壶、药壶等实用工艺品的传统。属瓜果胎类的还有橘柚胎漆器，橘柚胎漆器，是受荆沙民间“柚塑”“橘塑”艺术的影响形成的。甲骨胎漆器，是受古代甲骨占卜影响而制成的。1973年，荆州凤凰山8号汉墓曾出土了一件西汉“龟盾”，它以龟的腹甲为胎，整体髹黑漆，正反两面均绘有朱红色神人、神兽和人物，是时间最早、保存最完好的龟甲胎漆器。直到新中国成立前夕，在荆沙街头仍可见到摆放在测字算命摊桌上的髹漆或未髹漆的龟甲。

2009年6月，楚式漆器髹饰技艺入选第二批湖北省级非遗名录；2011年5月，楚式漆器髹饰技艺入选第三批国家级非遗名录。这种楚地特有的古老技艺神秘独特，其社会关注度不断增加，在上海世博会、中国成都国际非物质文化遗产节等大型非遗展览活动中被展出，获得众多专家的认可。楚式漆器所使用的漆是天然漆，主要成分为天然树脂；现代油漆为化工漆，包括人造树脂、汽油、烟油、松香水、苯、稀释剂、固化剂等。天然漆耐高温，不溶于动植矿物油，有良好的电绝缘性，有防腐蚀、防渗透、防潮、防霉、耐酸等特点，没有一种现代合成油漆能在坚硬度、耐久性方面超过它。因其是由天然漆树所产漆液，产量少，材料难得，故称“百里千刀一两漆”。天然漆由古法纯手工制作，工艺精细烦琐，制作时采用布胚、木胚或其他胎骨，经上灰、打磨、髹饰、黑推光、色推光等工序后，再采用彩漆晕金、锦纹，朱漆描金、台花嵌螺钿等技法加以装饰，制作时日漫长，一件精湛的器物，往往耗时半年至数年，得之极为不易！但使用古法髹漆的器物，雍容缤纷，润泽柔韧，色泽鲜艳，耐腐蚀且耐用，尽显中国古典器物之美。目前，荆州市一些楚式漆器技艺世家的传承人，不仅仿制出了出土的楚国漆器精品，还制作了砚盒、笔挂等文房用品。荆州市群艺馆还成立了“楚式漆器技艺保护工作小组”，开办“楚式漆器技艺培训班”，鼓励通过拜师授徒等一系列措施建立起市场开发营销机制，推广荆州市的“楚式漆器”产品，保护这一古老技艺。

七、标识价值

荆楚文化标识是具有鲜明荆楚地方特征的文化符号，也是一种图形传播符号，它能以精练的形象向人们表达特定区域的文化含义，通过具有典型性的图形符号特征，传达一定区域的文化信息，为公众提供区别、辨认特定地区，迅速、准确、形象地传达区域信息的作用。楚式漆器就是这样一种能代表地方文脉、传递地方文化元素的文化标识。在新的历史时期，可以发掘楚式漆器独有的个性资源，因地制宜加强楚式漆器文化标识品牌建设，在市场规律中找准荆楚文化资源差异化定位，打造高质量、有后劲的楚式漆器文化标识品牌。

（一）文化传承

楚式漆器的传承需要集聚合力，同时还要结合新时代发展更新工艺和创新思路。这就需要包括楚式漆器技艺传承人、手工艺者、高校、政府部门、企业家、设计师、专家学者在内的社会各界共同努力，探索楚式漆器“文化+产业+互联网”传承新途径，尽快形成“以文化为依托、以市场为导向、以产品为载体、以互联网为平台”的发展新模式。首先，要改变传承人落后的传统观念，破除技艺不外传、传男不传女等旧观念，走出漆器文化开放传播的第一步；其次，要把现代设计、科技创新方法引入漆器文化传承中，走出一条现代科技和传统工艺相结合的新路子。漆器传承人及其团队可以思考使用新材料、新技术、新工艺高效研发漆器新产品，尝试传统漆器工艺产品向现代化、科技化发展的可能性。例如，思考提高制作传统技艺漆器的生产效率、减少浪费的新方法，使用现代元素模仿古代装饰纹样、复制漆器文物纹理等。

湖北及荆州地区各级政府和各类高校，是推动楚式漆器文化标识传承和发展的主要力量。各级政府可以制定漆器传承的长远规划，提供政策方面的连续性；精心打造有深度、有影响力的漆器文化项目；促进一批具有全国影响力的楚式漆器名企、名品、名店、名会等。可以在推动当地非遗传承、乡村振兴、特色小镇、区域旅游等活动时，提供政策性支持和资金引导的方法，帮助楚式髹漆技艺“走出去”。可以组建非遗传承人工作室和社区活动中心，鼓励普通民众亲身尝试制作漆木手工艺品，推广定制性、生活化、现代型的漆器。高校是发展楚式漆器髹漆工艺的创新领地，可以邀请漆艺传承人来学校开展讲座讲学、作品展览、知识普及等活动，综合性大学可以研究型科目为主，培养研究型人才；而地方高校特别是高职院校，可以组建以传承人为核心的楚式髹漆技艺传承团队，重点培养非遗传承人。高校可以积极宣传漆器工艺的文化渊源，以及在现代社会的利用价值，增强大学生对荆楚文化的文化认同感和文化自信。可以搜集、整理传统漆器工艺的资料数据，走访楚式漆器髹饰技艺的非遗传承人，用影像资料、电子数据的方式记录下来，同时利用高校的科技优势建立专门的楚式漆器研究网站、漆器研究及产品宣传的应用程序、营销新式漆器产品的线上店铺、发布工艺制作视频的新媒体账号等，利用新媒介来推动楚式漆器髹饰技艺的有效宣传，吸引年轻人的关注。可以定期更新漆器数据库平台，用数字化的影像、图文资料，优化补充数据库，强化数字化传播和网络共享。

（二）标识创新

将楚式漆器髹饰技艺文化资源通过创意、创新、创造，更新为与现代生活结合的文化元素，注入“食、住、行、游、购、娱”每个环节，塑造年轻群体喜闻乐见的文化符号，形成具有差异化的文化标识。一方面做精做深，尊重传统，提升文化价值；另一方面与市场对接，实现髹漆技艺创造性转化和创新性发展，生产出让人民群众更接近艺术、更享受生活的漆器产品。我们应该重视楚式漆器作为历史文化瑰宝的载体作用，顺应时代发展，在新时代强化其荆楚文化标识的作用，创作出新式漆画、漆工艺品等，让楚式漆器以一种更生活化、更实用的方式，走进千家万户。

第一，在报纸、期刊上开设以“楚式漆器标识”为主题的专题专栏，拍摄制作纪录片，编纂出版相关图书，联合抖音等短视频平台呈现楚式漆器髹饰技艺等。同时，以漆器非遗展、漆器美术展、漆器购物节和歌舞剧、话剧、音乐剧等形式赴海外开展文化交流演出，通过“荆楚文化漆器标识”海外传播工程等途径，向海内外展示荆楚文化形象。

第二，以虎座鸟架鼓、鸳鸯盒等楚式漆器标识为题材，在地铁站、文化广场、酒店、机场、中餐馆等进行宣传展示。开发楚式漆艺文创新产品，如漆手镯、漆耳饰等，产品包装设计者也可以将漆器或漆器上的纹样应用于楚地特产的包装上，以精美的包装吸引受众眼球，提升产品在市场上的竞争力。

第三，在文旅产业开发中，湖北可以打造一条楚式漆器标识精品旅游线路，让游客体验探寻神秘割漆之旅、参观漆艺传承人工作室、亲手制作漆艺手工艺品，在历史底蕴浓厚的荆州等地建设漆木器文化创意产业园，在富有历史色彩的街区和小巷设立漆木器手工艺聚集区、展览区、体验馆，开发新型环保漆艺工艺品，实现楚式漆器标识的可持续传播。

第四，创设湖北省新式漆木器交易平台，打造线上的“湖北漆工艺品文化商城”等电商平台、商城、网站、App、微信服务号等，在“互联网+”时代实现市场空间的扩充，通过新的交互产品的形态创造以及移动终端的多元化支付手段，给漆艺从业者更多走出去、精准找到高端经销商和客户的机会。利用平台面向国内外做更具针对性的推广，掌握更丰富的优质客户，提升企业利润，促成漆工艺品市场在互联网时代的复活。

总之，楚地漆器是中国漆工艺史上的一颗璀璨明珠。漆器制作工序繁复、造价高昂，春秋战国时期主要流行于楚国贵族阶层，并有取代铜器之势，可见楚国国力之雄厚。楚地丰富的漆木资源提供了漆器制作的优越条件，祖先崇拜的传统风俗奠定了漆器艺术尚赤崇黑的鲜丽主调，道学与巫风的融会孕育出漆器艺术恢诡谲怪的造型及飘逸生动的艳丽图案。早期漆器仿青铜礼器的特点，反映先秦时期“礼”制的无所不在，战国漆器逐渐走出青铜造型及装饰风格的窠臼，表现出楚人对木质材料的感悟及制作的非凡巧工，突出南方席地起居的生活方式以及“饭稻羹鱼”“瑶浆蜜勺”的饮食特点，成为展现楚人浪漫情韵和艺术风韵的物质载体。几千年后，当我们惊诧于巧夺天工的楚式漆器时，旧时的楚国城池早已湮灭，而辉煌灿烂的楚式漆器髹饰技艺却传承了下来，在这个时代依旧熠熠生辉。

对作为荆楚文化标识之一的楚式漆器进行研究，是为了更好地发掘、传承、保护和利用湖北的荆楚文化资源，增强湖北人民文化自豪感，增强文化自信，更好研究提炼湖北文化的时代价值和精神标识，促进文化遗产的保护发展；同时，也是为了以文化为力量助推湖北经济社会发展，提升美丽湖北国际形象。千百年来，荆山楚水的先民们以不同凡响的作为，在荆楚大地留下了悠久深厚、意蕴丰富的文化标识。从8000多年前的城背溪文化到

5000多年前的屈家岭文化，再到4000多年前的石家河文化，从辟在荆山的楚国崛起到辛亥革命的武昌首义，荆楚大地文明的薪火绵延不绝、生生不息。对这些老祖宗留给湖北的宝贵财富，我们有责任、有义务把它们梳理好、传承好、保护好，让这些文化标识在新时代焕发出新的生机，绽放出更璀璨的光芒。

楚建筑

源远流长、博大精深的荆楚文化，自史前即有实迹建筑可寻，从城背溪、大溪、屈家岭直至石家河文化，连续不断。城市建筑，自屈家岭开始就有出现，台筑、干栏等建筑元素，已初见端倪。荆楚大地上，有以盘龙城遗址为代表的商代城邑建筑，还有以楚国都邑为代表的东周城市建筑文化。

春秋以降，楚国城市建设风生水起，甚至有领先于时代潮流的趋势。庄王、灵王之时，楚国建筑屡被史书提及，为中原各诸侯国所艳羡。高介华先生认为："楚文化鼎盛时期，至少是在屈宋词赋中大量有关建筑的描述，不但显示了楚建筑文化的辉煌，还隐含着许多现代新建筑学科的契机以及从建筑哲学思想到具体的构思、设计等，这对于创建和开拓中国的新建筑文化是很有启发意义的。"①

一、楚建筑与中华文化

（一）建筑与文化

建筑是文明的标志。有学者认为，人类进入文明的三大标志是国家的出现和文字、金属工具的应用。又有学者认为，文明有三大要素，分别是物

① 高介华：《长江文化与长江建筑文化》，《长江建设》1995年第2期。

质文明、精神文明和制度文明。无论是国家的出现，还是物质文明，城市及其建筑均是其最主要的体现。人类文明史上，人们创造的物质以及精神财富，多数会随着历史的发展而消失在历史的尘埃中，难以直观地寻绎。然而，许多城市和建筑仍旧存在着遗迹，给人们留下触手可及的记忆，以及直观的美学感受。

歌德曾说过“建筑是凝固的音乐”，音乐往往又被人称之为“流动的建筑”。美的建筑有它自身的结构造型、色彩搭配和文化艺术内涵，它与周围环境和谐统一，它带给人们亦如音乐旋律般的审美愉悦。意大利建筑理论家阿尔贝蒂认为，美的本质源自数的和谐，而音乐的和谐和建筑的美是相通的，都可以由数来构成。古希腊古罗马建筑、荒漠中的埃及金字塔、蜿蜒在群山中的古长城，都能用数来建构，从中窥见建筑之美的起源、演化、升华。

中国文化多元共生，它以北方、南方文化为主干，各区域文化协同发展，各领时代风骚。北方有仰韶文化、龙山文化、秦文化、三晋文化、燕赵文化、齐鲁文化等，南方有河姆渡文化、大溪文化、屈家岭文化、楚文化、吴越文化、巴蜀文化等。这些文化虽然起源不同，特色各异，但亦有许多相同之处，正是有许多的相同与不同，才最终凝聚成数千年不曾中断的中华文明。

（二）中国古代建筑特点

中国建筑文化源远流长，独立发展，形成独具特色的建筑体系。中国古代建筑特点主要表现在以下五个方面。

一是以土石、木材作为建筑的主要材料。土石为基，木构柱梁为承重骨架。地基的厚度决定房子的高低，木材的质量、粗细决定房子的空间大小与延伸。

二是秉承构架制原则。以木构柱梁为承重骨架，形成承重结构与围护结构分开的构架体系。

三是使用特有斗拱结构形式。斗拱构件集结构功能与装饰功能于一体，能在梁架和立柱之间起到传递荷载作用，又能展示多样的几何图案，呈现出优美华丽的造型。

四是单体建筑标准相对固定，多是由台基、屋身、屋顶构成。台基的高与矮、屋身的宽大与窄小、回廊的长短与弯直等具体变化，都能在质与量、大与小、繁复与简单中调整。当然，也有部分结构缺少的建筑，譬如绝大多数的城墙、桥梁是没有屋顶的。

五是重视建筑组群平面布置。中国古代建筑不极端追求单体建筑的无限宏大，也不极端追求向高空立体延伸，而是重视建筑群的平面排列、有机组合，以达到曲径通幽、变幻莫测的效果。

（三）先秦台型建筑

台型建筑在先秦建筑史上具有重要地位。“我国高台建筑滥觞于夏、商，尚于春秋，衍盛于战国。”[①]《尔雅·释宫》曰：“四方而高曰台。”《说文解字》载：“台，观四方而高者。”由此可见，台的要义在于“高”和“观”：前者是台之属性，表示地位尊崇；后者强调使用目的，用于观农时、观天象，表示于盟会时俯瞰万物。因此，台型建筑往往与许多重要历史事件和人物关联，它见证着历史的发展、时代的更替、民族的兴衰。

先秦时，城市建筑的类型不断壮大，形态不断创新，但台型建筑尤领风骚，长盛不衰。台型建筑彰显了建设者的崇高地位，不仅因为它自身的高大、宏伟，更因为其具有能与上天沟通的意义。它是宗教与政权的象征，起到了政令传达和文明教化的作用。史料记载中，东周前的台型建筑主要如下。

夏代之前：轩辕画卦台、轩辕台、青灵台、天坛、昆吾台、灵台、教稼台、共工之台、众帝之台等。

夏代：禹台、钧台、瑶台、灵台、顷宫台、有娀氏台等。

商代：鹿台、灵台、瑶台、沙丘台、羑台等。

周宫廷：灵台、重壁之台、中天台、天子三台等。

① 高介华：《先秦台型建筑》，《华中建筑》2008年第6期。

东周是台型建筑的繁盛时期，列国都有其知名的台型建筑，列举如下。

鲁国：观鱼台、薛台、临党台、观台、泉台、郎囿等。

晋国：九层台、吹台、宝台、虒祁台、凿台等。

齐国：章华台、瑶台、商台、大台、灵台、长台、檀台等。

宋国：平公台、仪台等。

秦国：章台等。

吴国：王宫台、姑苏台、射台、文台、齐门（台）、石城等。

越国：越王台、离台（驾台、燕台、中宿台）、文台、美人宫（台）、露台、渐台、贺台、观台等。

卫国：新台、灵台、卫台、重华台等。

燕国：燕台等。

韩国：韩台等。

赵国：兔台、檀台、野台（望台）、丛台、平台等。

魏国：文台、中天台、范台、晖台、京台等。

（四）楚国台式建筑及章华台

列国台型建筑层出不穷，但楚国台型建筑尤其众多。自楚成王统一江汉平原之后，国力与日俱增，楚王们均喜筑台建宫。如楚成王时期有渚宫、强台，楚庄王时期有五仞台、层台、钓台，楚共王时期有小曲台，楚康王时期有五乐台、九重台、荆台，楚灵王时期有章华台、乾溪台，楚昭王时期有渐台、附社台、放鹰台（安陆放鹰台、荆门放鹰台），楚怀王时期有中天台、朝云馆、洞庭宫，楚顷襄王时期有云梦台、阳云台、兰台（兰台宫、南台、云台）、细腰宫、楚王池、汝阳台（丛台），等等。

在荆楚大地上，若说土台与干栏建筑相结合的单体建筑较为完美的代表，最早可追溯至商代盘龙城，但将单体高台建筑与平面建筑群结合的建筑典型，则不能不说章华台。

章华台在先秦建筑史乃至中国建筑史上都具有举足轻重、承前启后的作用,它是我国帝王园林化离宫的先导。高介华认为:“春秋楚灵王所筑章华台,规模宏伟,崇艳侈丽,堪称‘台史’上的里程碑,具有明显的承前启后作用。旷世奇台——‘阿房’(宫台)安知不深受此台影响?”[①]章华台是主体为台,辅以各类型建筑单体组成的建筑群。章华台,也是楚国历史上最宏伟的超大型王家园林离宫。[②]对楚国而言,可谓空前绝后。

二、千古章华台

(一)典籍中的章华台

古代典籍对先秦台式建筑的记述,属章华台最多。

“章华台”,又称“章华宫”,两者大体相同但略有区别,因为章华台实则为章华宫的主体建筑,故人们多以“章华台”代称“章华宫”。《左传·昭公七年》载:“(楚灵王)及即位,为章华之宫,纳亡人以实之。……楚子成章华之台,愿与诸侯落之。”可见,章华宫的建成标志是章华台。

关于章华台始建时间,《左传·昭公七年》记载楚灵王“及即位”之始,就开始建设章华宫,在灵王六年(前535年)即建设完成,鲁昭公参加了章华台落成典礼。《史记·楚世家》又记载:“七年,就章华台。”这是说,章华台建设用了七年。由此可见,章华台及章华宫的建设早在灵王之前一年就开始了,而章华台建设的准备,当在更久之前。章华宫建设的起始年代,现今无从考证,后人只知楚灵王最终建成了章华台。

章华台的现今台址,目前有多种说法。据高介华统计,有湖北潜江、云梦、华容、沙市、监利等地,河南城父、亳县、乾溪,湖南华容等说法。[③]因为潜江龙湾东周遗址的发掘,考古学界多认为其1号楚大型宫殿基址,就是章

①③高介华:《先秦台型建筑》,《华中建筑》2008年第6期。

②高介华、刘玉堂:《楚国的城市与建筑》,湖北教育出版社1996年版,第259页。

章华台基址展示馆

该馆位于湖北潜江龙湾遗址国家考古遗址公园内。馆内多角度展示了章华台的风采

台

华宫的主体建筑章华台。

章华台建设规模庞大。章华台所谓离宫，当然具有楚王宫的功能，能够提供容纳楚王及其余王室成员吃穿住行和政治需求的场所。宫内有参与朝议的大臣、官吏，有保卫楚王安全的亲随、侍卫，有为生活服务的宫女、奴婢等，还有大卒，即进行狩猎、军事演练的士兵，这是一众庞大人群。楚灵王是一个大巫，需要高台祭祀天地，以舞娱神，因此宫内还有巫师、乐师、舞女等。这些人员的吃穿用度，也需要大量宫殿、建筑。章华台建筑群中有楚王的宫廷，官员的客舍，随员、使者的宿舍，士兵的营房和演武场，还有马厩、车库、武库、厨房、作坊、码头、船坞，以及供娱乐、会客的亭台楼阁，总体应可容纳数千上万人生活。如此多的人吃穿用度，当然还需要集市和商人。

后人对章华台的描述是极其宏伟奢丽的。曲栏拾级而上，中途得休息三次才能到达顶楼，史称“三休台”；又因楚灵王特别喜欢细腰女子在宫内轻歌曼舞，不少宫女为求媚于王，少食忍饿，以求细腰，故亦称“细腰宫”。相关信息在《左传》《国语》《韩非子》《史记》《汉书》《后汉书》《水经注》等文献中均有记载。

（二）考古遗迹中的章华台

1984年4月，在湖北江陵楚国郢都遗址——纪南城的东面约53公里处，潜江市西南龙湾镇发现了一处东周文化遗址，后经多年发掘，并两次召开龙湾遗址学术论证会，与会专家学者通过实地考察一致认为，该宫殿基址当是楚灵王于前535年修建的章华台。[①]北京大学考古系邹衡教授评价说：“这是我国迄今为止保存最为完好的一座春秋战国时期的宫殿基址。”著名历史地理学家谭其骧先生认为“章华台遗址在潜江龙湾”[②]。

① 湖北省考古学会：《楚章华台学术讨论会论文集》，武汉大学出版社1988年版，第201页。
② 张天来、郑笑枫：《章华台——天下第一台》，《光明日报》1993年1月10日，第6版。

章华台复原模型

该模型根据考古资料所制，现存于龙湾遗址博物馆

龙湾楚文化遗址是东周时期文化遗存，分布面积约108平方公里。据台基分布情况，自东向西可分为四大群体：放鹰台宫殿基址群、瓦屋场夯土台基群、打鼓台夯土台基群、娘娘坟夯土台基群。其中，目前的放鹰台为一处高出周围地面0.7～6米、呈东南—西北走向的不规则长方形岗地，原来北、东、南三面环水，可谓临水高亢，这在河湖交错的江汉平原实属难得，正是大规模营造的好处所。[①]放鹰台1号晚期宫殿遗址规模之大、规格之高、建筑风格之奇特，在先秦宫殿遗址中罕见，确为“一处楚王休闲、游猎、游乐的离苑别宫”[②]。

有关章华台与郢都的地理联系，谭其骧先生认为：郢都附近跨大江两

① 高介华、刘玉堂：《楚国的城市与建筑》，湖北教育出版社1996年版，第254页。

② 湖北省潜江博物馆、湖北省荆州博物馆：《潜江龙湾——1987—2001年龙湾遗址发掘报告》，文物出版社2005年版，第288页。

章华台遗址宫殿基址

龙湾遗址中发掘出丰富的楚国大遗址群，包括城址、宫殿建筑群、水域、古河道、生活区、墓葬区等

岸是一片平原,泽区东北是汉水两岸一片由汉水泛滥冲积成的以春秋郢邑、战国竟陵邑为中心的平原。其北岸,今天门、京山、钟祥三县市接壤地带则是一片在新石器时代业已成陆的平原,上面分布着有屈家岭文化遗址。自此以东,便是那片成陆不久的“云梦”。杨水两岸湖泽区之南,是一片由江水及其岔流冲积而成的荆江东岸陆上三角洲。三角洲以“夏首”(今沙市稍南)为顶点,向东南展开,其边缘距夏首百里以上。楚灵王所筑章华台,即位于夏首以东约百里处。

章华台位居交通军事要冲。章华台东与南是庞大的刚成陆地不久的云梦泽,南边是浩瀚长江,江水、湖泽与岛屿、港湾浑然连成一体,难分彼此。章华台西北是汉水以及大洪山山脉,西面距纪南城遗址仅50多公里,有陆路交通,历代楚王常经此到云梦泽狩猎,是郢都的郊区花园。因此,章华台也是郢都东部难有的要塞。在云梦泽的东面开辟一离宫,显然具有重要的军事价值。在此驻扎军队,南出长江,可威慑长江中下游的吴越,防止其水路西进,拱卫郢都;北跨汉水,可出方城,控三塞,逐鹿中原。

章华台交通、生活便利。首先,章华台在离湖之滨,东、东南、东北三面水路环抱,可沟通长江、汉水,西部陆路直达郢都纪南城,交通区位优势明显,可成为重要的漕粮转运集散地。晋习凿齿在《襄阳耆旧记》中认为,“灵王立台之日”便考虑了“漕运所由”[①]。其次,章华台的建立,便于楚王室军队在云梦泽中驰骋,修兵练兵于田猎之中。在放鹰台遗址中,发现有古河道相连,位于一层台外长廊东约20米处,勘探河床宽80~100米,距地面最深约3.5米,南北走向。此河道必然与湖泊、江河相连。

核心区建筑放鹰台是高台木骨架建筑。根据已发掘的建筑遗迹和勘探提供的材料,初步推测1号台宫殿基址的台基东部为三层台建筑(系宫殿主体建筑,其朝向为坐北朝南);西部为二层台建筑;台南地貌平坦,似为广

① (北魏)郦道元著,陈桥驿校证:《水经注校证》卷二十八《沔水》,中华书局2007年版,第670页。

场式建筑；台北、台东为亭廊环绕的园林式建筑。台基南北长130米、东西宽100米，总面积约1.3万平方米。一层台基高出周围地面2～3米，二层高出一层台0.5～0.9米，三层台高出一层台1.2～3.5米。台周曲廊环绕，台内曲径穿梭于一、二、三层之间，台东有大河奔流，台西、北有湖水漾波。一层台基上主要遗迹有东侧门、西侧门、贝壳路、红烧土沟槽、红烧土墙、台阶、内廊、外长廊、地下排水管、水坑、回廊、天井、柱洞、红烧土面，以及位于一层台中部的二层台、三层台等。环绕三层台东、南和西侧各有一条贝壳路，足见当时宫殿的奢华。贝壳用于楚国建筑，在《楚辞》中曾有记载。《九歌·河伯》曰："鱼鳞屋兮龙堂，紫贝阙兮朱宫。"贝壳路在章华台遗址的出现，再一次证明楚王宫建筑的富丽堂皇与奢侈豪华。二层台基呈东西向，长方形，长9.7米，宽6.3米，台基上分布有夯土墙、柱洞等遗迹。三层台位于一层台东部，平面呈曲尺形。值得一提的是，放鹰台遗址还出土有一处地下排水管，位于一层台回廊西部，水管为筒瓦对应扣合、首尾相接而成。管道由三道水管并列铺设，南北走向，全长4.7米，可能是用于排回廊外侧之积水。筒瓦径0.14～0.15米，长0.45～0.47米。总体而言，呈三层台的宫殿基址在全国东周遗址中是首次被发现。土木结合的榫卯结构大型柱洞、土木结构夯土台基，台内地梁的设置，以及贝壳路、完整的地下排水管道，在全国均属罕见。章华台突破了我国古建筑的传统模式——以南北向为中轴线、前堂后室、左右侧室对称等风格，而是讲究东西高低错落、北高南低，有利于高处采光和通风，贝壳路及长廊环绕，回廊、庭院交错，呈现出一派离宫别馆风光。

章华台的使用时间跨越数百年。通过对龙湾遗址东区楚宫殿基址群的四个发掘区出土的陶容器和瓦类进行综合分析，可知其主要陶容器及瓦类分期在西周晚期至战国中期。学界推测，章华台始建于春秋中晚期，废弃于战国中期晚段。[①]

① 湖北省潜江博物馆、湖北省荆州博物馆：《潜江龙湾——1987—2001年龙湾遗址发掘报告》，文物出版社2005年版，第287～289页；《湖北潜江龙湾发现楚国大型宫殿基址》，《江汉考古》1987年第3期。

章华台贝壳路

这是全国考古中首次发现的贝壳路遗迹。系白色贝壳，口朝下，背朝上，排列紧密整齐

龙湾楚文化遗址的核心部分放鹰台1号台基东周楚宫殿基址，现多被学者称之为章华台。《水经注》曰："湖侧有章华台，台高十丈，基广十五丈。"据换算，无论台高还是基广，都与放鹰台1号台宫殿基址基本吻合。[①]整个放鹰台楚文化宫殿基址达22座，面积达30余万平方米，规模更是宏大，为楚王室宫殿无疑。学界认为，宫殿建筑整体布局充分利用了高岗、湖泊等地理环境，气势磅礴，雄伟壮观，其规模之宏伟、工程之巨、时代之早、延续时间之长、保存之好，在全国实属罕见。

三、楚派建筑风格

（一）宏大繁复

楚国的建筑形式和居住习俗呈现出多姿多彩的风貌，主要建筑原型包括宫殿、宗庙、公府、馆、榭、地宫、离宫、坛、祠、警鼓台、舞台、观景楼阁等。

台：单层土台，又称"坛"。楚国宫殿在都城多以"宫"称呼，而作为离宫多以"台"命名。楚国离宫至少有25处，以"宫"命名者有渚宫、细腰宫、兰台宫、洞庭宫、茂郢游宫等5处，而以"台"命名的有强台、匏居台、五仞台、层台、钓台、小曲台、五乐台、九重台、荆台、章华台、乾溪台、渐台、附社台、放鹰台、中天台、云梦台、阳云台、汝阳台等，达18处之多。楚国台的建设，以高台和层台居多，层台即重台。

榭：在台上修筑的屋顶、明柱和围栏。

轩：附属于宫室建筑的走廊。

层轩：台式建筑的上、下和多层建筑，每一层均有走廊。

阙：宫寝门道两旁的高台建筑，供瞭望之用。

上述建筑的形式，都可在龙湾楚文化遗址中寻到其踪迹。

① 湖北省潜江博物馆、湖北省荆州博物馆：《潜江龙湾——1987—2001年龙湾遗址发掘报告》，文物出版社2005年版，第288页。

(二)楼台巍峨

高楼万丈靠地基。历代楚王,都喜好高楼,故多好筑台。楚国高台建筑,最能集中体现楚建筑的特点和工艺水平,在中国建筑史上占据有重要地位。

楚国高台建筑中最著名的是章华台。《渚宫旧事》载:“初,王登台临后宫,宫人皆仰视。”李白亦有诗云:“屈平辞赋悬日月,楚王台榭空山丘。”可见楚宫室建筑巍然峻高,傲岸挺拔,体现了楚人强烈向上的生命活力。

强台处于江淮之间,或是楚王云梦狩猎中的高地离宫,疑为楚成王时建立。《淮南子·道应训》云:“南望料山,以临方皇,左江而右淮。”《战国策》记载庄王游强台,害怕“其乐忘死”,“留而不能返”。可见,强台风光迷人,是楚国早期精心设计的苑囿型离宫。

层台为楚庄王建筑,工程半途而废。庄王中后期,取得问鼎中原、围宋罢兵的胜利,四境升平,国力雄厚,享乐之心渐起,遂下决心兴建高台楼阁。这是楚立国以来最大规模地兴建离宫别苑。《楚书·右篇》载:“楚庄王筑层台,延石千重,延壤百里,国人劳苦罢蔽,士有反三日之粮者。”运石千里,取土百里,士族阶层全部被动员参加并携带多日干粮,可见工程之浩大。工程耗费巨大的人力物力,民怨沸腾,激起了朝野的反对。楚史《梼杌》记“大臣谏者七十二人皆死矣”,最后被一个叫诸役已的耕夫说动庄王,“遂解层台而罢民”。层台建设就此搁置。层台究竟建设成什么模样,不得而知,后人只知整个宫殿群都建在层台之上,规模宏大。

九重台,又名九层台,故址在南郢。《韩诗外传》云:“齐景公使使于楚,楚王与之上九重之台。”大概在楚康王至灵王时所筑。

荆台为楚国著名高台。《说苑》载:“楚昭王欲之荆台游,司马子綦进谏曰:‘荆台之游,左洞庭之波,右彭蠡之水,南望猎山,下临方淮。其乐使人遗老而忘死。’”边让《赋》云:“灵王游云梦之中,息于荆台之上。”《渚宫旧事》

言荆台“左江右湖，前望猎山，下临方淮”，与《说苑》记载大致相同。

乾溪台台址应在楚东境陈地瀛水之滨，《元和郡县图志·陈州·溵水县》记：“溵水，经县北，去县三里。……乾溪台，在县北三里。”《新语》云：台有“百仞之高，欲登浮云，窥天文”。现今虽无法估测其实际高度，但作为楚国东境前哨，当设置在高山高台之上，兼有观测天象与观察料敌功能。

楚国建筑多高台形制的原因，与其地理环境分不开。楚地多河湖平原，夏季炎热，雨量充沛，水网密布，容易水涝，为登高望远，躲避暑热潮湿和蚊虫叮咬，建立高台，无论从军事还是生活的角度考量，都是必需的。

楚国高台建筑开启了后代高楼建筑的先河，对秦汉以后的高楼建筑有着重要影响。武汉地区宋代建筑的琴台、禹稷行宫以及明代修建的晴川阁便是实例。

（三）虚实结合

土木建筑之崇高巍峨是章华台最显著的特征，而干栏式则是楚国建筑的另一重要形式，两者共同点就是虚实结合。

章华台的建筑基石夯土高台。黄土夯实的厚台之上，楚人喜用的建材为木材。夯台厚实，木材多是框架，以干栏式为主。木材给人以含蓄、深沉的天然之美，集轻巧、坚韧、易于加工于一身，恰恰与楚国人的文化性格相吻合，加之楚国境内木材资源丰富，因此木材成为楚地建筑的首选材料。

干栏式建筑的特点为一楼架空，二楼居住，以竹木结构为主。干栏式建筑在楚国比较多见，如《楚辞·招魂》中有“坐堂伏栏，临曲池些”。因为楚地水系发达，楚国出现高台建筑与水上干栏的混合型建筑。

楚国干栏式建筑是后世楚地民间的重要建筑形式，注重与自然的高度协同，在建筑时尊重自然，充分体现了“天人合一”的境界。干栏式建筑在我国南方的土家族、苗族地区至今仍然沿用。

（四）崇尚自然

《老子》哲学的核心思想是"道法自然"。道法自然，追求的就是人和自然的和谐相处，天人合一。章华台等楚国建筑特别重视人与自然融合相亲的文化精神，"天人合一"的思想始终贯穿楚国建筑的设计、建造、装饰中。

章华台不追求南北中轴和东西对称，而讲求高低错落，符合楚国疆域有高有低、江水奔腾的自然地理特征。楚宫廷建筑土木高台相当宽敞，楼台内外空间流通渗透，便于登高望远，体现了与自然的亲近；造型上运用水平方向的层层屋檐和环绕各层的走廊栏杆，极力削弱体型上的竖高感，使之仿佛对大地有着无比的眷恋；屋面、屋脊、装饰局部的曲线运用避免了造型的僵硬，使之优美地镶嵌在大自然中，仿佛自己就是天地的一部分，充分体现了人对自然的向往和崇敬之情。

"天人合一"建筑观是楚国古代建筑的中心思想，是楚人的伦理观、审美观、价值观和自然观的深刻体现。

（五）尚赤崇黑

楚国建筑装饰较多用髹漆工艺，颜色多用红、黑。楚人钟爱红色，源于楚人的远古图腾观念和对祖先火神祝融的崇拜意识。

红、黑是阴阳太极的主色调。红为火的颜色，象征南方，系生命之色。而黑色则是指北方，属水，八卦属于坎卦，象征着万物归伏、极阴生阳、万物萌生。红黑二色有阴阳调和、万物萌发之意。

楚建筑装饰以红、黑色的强烈对比为主题基调，在此基调上再敷陈五彩，艳丽、缤纷、斑斓，使心灵的震慑与感官的享受融为一体。

（六）个性飞扬

楚国建筑装饰纵横恣肆，个性张扬，如鹿角立鹤造型、人首蛇身造型等等，无不表现出一种自由、张扬的艺术魅力，令人赏心悦目。楚国个性张扬还体现在红、黑、黄等色彩一起对比使用上。章华台彩色瓦、印纹彩绘瓦在全国东周遗址中首次出现，显得章华台更加艳丽多姿。

四、楚派建筑美学

楚文化是荆楚文化的源头、主干，通过对楚国建筑和荆楚历史的系统整理研究，我们认为楚派建筑具有如下审美特征。

（一）线形之美

楚人在建筑设计中，对各种线条的运用已达到挥洒自如、行云流水的水准：横线舒展自如，清新秀丽；竖线峻峭峥嵘，铿锵有力；斜线峰回路转，有惊无险；曲线萦水流觞，韵味无穷。各种线条在建筑中的巧妙组合，诞生了一些鬼斧神工之作。

楚国建筑的出发点是“线”，完成的是铺开成面的“群”。这既同西方的建筑的出发点是“面”、完成是团块形的“体”的建筑特点迥异，也与中原诸国线条单一的建筑形态微殊。楚国建筑中的馆、阁、楼、堂、台、榭、亭、障、回廊、池岸、曲桥、小河、幽径都是浓淡有别、长短不一的线条，细部的翼檐飞角也是具有流动感的曲线。

在各种线条中，楚人对曲线最为钟情。《国语·楚语》说楚“先君庄王为匏居之台”。台名匏居，其形状必酷似葫芦。《列女传》和《渚宫旧事》都说“楚共王在小曲之台”，顾名思义，小曲台必定是曲尽其妙。

曲线造型以流畅而富于韵律感为主导。在楚式家具、小座屏、虎座凤架鼓、虎座立凤的造型中，到处都可以看到古代楚人对充盈在宇宙万物间的运动感、律动感的绝妙表达。这与楚人对生命运动形式的喜好、对生命活力的崇尚有关，也与楚艺术那种上天入地、游目骋怀的流观审美观照方式密切相关。

楚人在建筑活动中高度重视曲线的美学思想，不仅在中国上古建筑中独步一时，而且影响了后世中国园林的设计风格，甚至波及西方。如18世纪出现的法国芳伯罗宫和德国无愁宫，与其说是受到中国古典园林的感染，不如说是它们间接地接受了“曲尽其妙”的楚风。

（二）空灵之美

楚建筑的空灵美，主要体现在空间上。其楼阁相当开放，楼内外空间流通渗透，追求与自然的亲近。四周设有隔扇的阁、每方设窗的轩、位于高台或水中的敞露的榭、有顶无墙的亭以及有盖无壁的廊等，无一不是将人们的视线引向室外空间。这种似有若无、似静而动的渗透性空间，即所谓“灰空间”。含蕴于楚建筑中虚实互补、有无相生的“空灵”美学思想，使建筑的内涵与形式获得完整、深广、多变的意境。

（三）超拔之美

根据文献记载和考证，楚台以峻高为特色：章华台高30米，宽45米；钓台高10米，宽26.6米；连匆忙营就的五仞台也高达7.85米。贾谊《新书》说：“楚（怀）王作中天台，三休而后至其上。”仅从台名揣测，此台或可与章华台媲美，以至于需要“三休”才能登临绝顶。一座座楚台拔地而起，体现了楚人强烈向上的生命活力。

同楚台寓超拔于峻高相比，楚都城则寓超拔于伟岸之中。考古勘探表明，楚南郢现存城垣基宽12～14米不等，按《考工记》基宽与墙高相等的法则计算，城墙原高应在13米左右，这种高度在同时代中国古城中，无出其右者。楚都城之傲岸挺拔显得稳重庄严，带有一种巍然如磐的美感。

同样，楚长城位于今河南境内伏牛山麓，西段“连山相连”，“无土之处，累石为固”（《括地志》）；东段则沿河岸筑堤为城。据考证，楚长城长约500公里。楚人把长城筑在本已很高的伏牛山上，更显出其雄奇壮观、具有凛然不可冒犯的刚毅之美。

楚建筑挺拔升腾的造型与辽阔深邃的空间感结合在一起的美学特征，体现了楚人对永恒宇宙的无限追求和赞美意识，也是中国建筑艺术中“不拘于物，不滞于心”，从有限中追求无限的审美方式的意匠源泉。

（四）和谐之美

据《国语·楚语》记载，前6世纪末叶，楚国思想家伍举在楚章华台上，发表了他著名的建筑美学见解。他认为，建筑物只有“上下、内外、大小、远近皆无害焉”，才称得上“美”。所谓“无害”，就是指建筑物在数、量、形等诸方面都符合一定的比例，给人一种和谐的美感。这是上古时期有关建筑和谐美的最完整表述。楚人不仅最早明确提出了这一理论，而且率先实践并丰富了这一理论。

和谐之美是楚建筑的重要特征。楚国王室的朝、寝、宗、社布局之对称，市、府、宅、厩分布之统一，宫、阙、殿、堂构图之平衡，巷、闾、里、坊规划之协调，乃至作为军事要塞的冥厄、直辕、大隧三关之间距相等且势成掎角，无一不展示出和谐之美。

楚建筑的和谐之美也渗透于园林建筑中。楚国的园林建筑，从物象的大小、高低、显隐、有无，到位置的远近、上下、纵横、断续；从结构的疏密、张弛、开合、聚散，到色调的浓淡、明暗、冷暖、雅俗，都通过波澜起伏、跌宕多姿的变化来实现整体的内在和谐统一。

楚建筑的和谐之美还体现为楚国在战国时期已能在建筑中熟谙运用黄金分割比例。如湖北江陵太晖观50号楚墓墓门洞的宽、长比为1:0.5。湖北江陵天星观1号楚墓棺室壁画上门的高、宽比也约为1:0.5。地下建筑是地上建筑的模仿，这两座墓门的设计已经暗含黄金分割比例。

（五）因借之美

楚人信奉老子“道法自然”的美学观，在建筑实践中，追求一种模拟自然的质朴美，也特别注重对自然的直接因借。如楚都南郢北依纪山，西接八岭山，东傍雨台山，南濒长江，称得上水萦山环、天造地设。楚人还将三条河流引入南郢城中，此举不仅能调节局部气候，净化环境，而且可兼作功能分区的天然界标。

据文献记载，楚人还凭借湖泊和湖心小岛，建有水上和水下立体组合的多功能大型游宫。作为楚离宫主体的台榭，或耸立山丘之上，即《楚辞·招魂》所谓“层台累榭，临高山些”；或雄峙湖河之滨，即《楚辞·招魂》所谓“坐堂伏槛，临曲池些”。前者如层台、乾溪台、高唐观等，后者如渐台、钓台和荆台等。楚国建筑的最佳环境当然是山水得兼，位于今湖北省潜江市龙湾境内的章华台，就筑于“离湖”之滨一个名为“放鹰台”的山丘之上。修筑此台，楚国花了整整七年时间，为了解决楚都至章华台的漕运和水路游宴，楚人在章华台周围开凿了人工运河，直通汉水，转而登陆至郢都，这样既能增景观之秀色，又能擅舟楫之便利，从而使整个建筑充分体现了人工与天工谐和、建筑与园林协调的特色，摘取了“天下第一台”的桂冠。

楚人通过对山势、风向、雨量、气流、阳光、水域等自然现象的因借，建造了消夏的“寒宫”和御冬的“暖室”。《楚辞·招魂》所谓“冬有突厦，夏室寒些”，就是讲的暖室与寒宫。文献所谓春申桃夏宫，就是楚令尹春申君黄歇的“避暑山庄”。

地下音乐宫的建造，更是楚人巧借自然的创举。据《左传》记载，楚人利用地下室音量集中、氛围浓烈的特点，在王宫正殿下面建有配置巨钟硕鼓的“地室”，即地下音乐宫。

（六）朦胧之美

楚国建筑，善于用“有限”的物象寄托“无限”的意境，耐人寻味，诱人幽思。每当朝晖夕阳之际，或登台送目，或临榭远眺，三面环水的楚南郢犹如一件巧夺天工的彩色木雕，在柳浪松涛中隐没。而城外的江面袅袅升腾的薄雾如乳色轻纱覆盖着它的身躯，平添了几分神秘。明代文人袁宏道在凭眺南郢故城时，留下了“云连蜀道三千里，柳拂江堤十万家”的千古绝句。

楚国园林建筑，虽由人作，宛自天开，渚宫、洞庭宫、渐台、荆台从水面延伸到水中，物体色彩斑斓的倒影与湖面粼粼波光交相辉映，极易产生一种扑朔迷离的幻觉。《楚辞·河伯》中咏道：“鱼鳞屋兮龙堂，紫贝阙兮朱宫，灵何为兮水中？”楚国的台、榭、馆、阁迎晨曦、送暮霭，与自然浑然一体，展现出云蒸霞蔚、光怪陆离的景观。

(七) 绝艳之美

楚国建筑装饰具有不同凡响的“绝艳”之美。《楚辞·招魂》曾描绘楚宫“砥室翠翘，挂曲琼些”，“红壁沙版，玄玉梁些”。《国语·楚语》也说章华台有“彤镂”之美。可见，由于楚人崇尚红色，所以，墙、壁、梁、柱均用高级涂料漆成红色，对于极尊贵的处所，甚至不惜以玉砖砌墙，以玉石铺地。凝眸室内，其宛如一座玲珑剔透的迷宫；从室外注目，其俨然一座金碧辉煌的圣殿。

楚建筑绝艳之美的重要特色之一是广泛运用了雕刻艺术。《楚辞·招魂》就有“网户朱缀，刻方连些”和“仰观刻桷，画龙蛇些”的描述。虽说楚人建筑雕刻的实物已殊难寻觅，但从那精湛绝伦的青铜器雕刻艺术中，仿佛就能领略到楚建筑雕刻的绝代风貌。

(八) 怪异之美

《汉书·地理志》云：“楚地……信巫鬼，重淫祀。”王逸《楚辞章句》也说：“昔楚国南郢之邑，沅湘之间，其俗信鬼而好祠……”楚人把信巫崇祀的情感注入建筑艺术中，形成了楚建筑怪异之美的审美特征。

一般来说，楚人建筑主要追求壮美或秀美的效果，但在建筑小品方面，则更多地倾向怪异之美。

座屏，是建筑小品的主要内容。江陵望山1号墓出土的木雕座屏，透雕和浮雕有凤、雀、鹿、蛙、蛇共计55个动物。全屏表现了凤为保护梅花鹿而与恶蛇搏斗的怪异情景：梅花鹿夺路而逃，凤敛翼俯冲，恶蛇则蜷缩一团。

整幅透雕向人们叙说着一个有趣的民间故事:善是怎样战胜恶的,强者是怎样庇护弱者的,象征祥瑞的鹿又是怎样为此而欢跃的。楚人惩恶扬善的愿望,尽在这诡谲玄妙的座屏之间。

楚国虎座立凤木雕,神秘而优美。虎为底座,昂首踞伏;凤立于虎背,引颈长鸣,展翅欲飞。凤背部生有鹿角,实为飞廉,飞廉为风伯,其身为凤。通体髹黑漆为地,用红、黄、赭、银等色分别绘鸟羽纹和虎纹。木雕造型奇特,使观者产生此物只应天上有之感。想来楚人或许会将其置于朝堂大门两侧,以增添神秘的氛围。

楚墓出土的根雕辟邪,由一根树根雕成,呈虎头、龙身、四足、卷尾、口微张、齿稍露,似有所见而欲噬。右侧前腿上雕一蛇蜿蜒而行,右侧后腿上雕一蛇方噬一蛙,左侧前腿上雕一蜥蜴方噬一雀,左侧后腿上雕一蝉。利用

根雕辟邪(图片来源:视觉中国)

1982年出土于马山1号楚墓,是我国迄今为止发现最早的根雕作品,被誉为中国根雕艺术作品的开山之作

树枝天然的弯曲形状和四个分支天然的伸向，显示游走之状。匠心独运，有化腐朽为神奇的审美效果。在荆门包山楚墓出土的一件角雕，全器透雕成为三个互相缠绕的虎头龙身异形动物，古怪异常。辟邪既能置于墓中，更能置于墓上陵寝之内。

楚人的精神生活散发出浓烈的神秘气息，他们解释自然现象的种种变异，惯于用超凡的想象来弥补科学知识的缺陷。这也是楚国建筑流行怪异之美的个中原因。

（九）恢宏之美

在春秋五霸和战国七雄中，楚国都城以气势恢宏见称。楚都南郢现存城垣周长为15600米，总面积达16平方公里，是我国南方最大的古城遗址。唐代诗人陈子昂赞道："巴国山川尽，荆门烟雾开。城分苍野外，树断白云隈。"这无疑是楚都形胜、规模与气势的美学观照。

楚国的建筑，常常是以整个宇宙空间为背景，如楚国的高台建筑阳云台、乾溪台、中天台、章华台、五仞台、九重台、京台等，当人们面对它时，一种寥廓的宇宙意识顿时在胸中奔腾，这或许正是楚国哲人老子所谓"大象无形"苍穹意识吧！楚建筑中透露的这种浓厚的宇宙苍穹意识，是楚人丰富的天文知识的审美表现。世代相传的观象授时职能，无疑开拓了楚人的审美意识，丰富了楚人的审美想象，升华了楚人的审美意识。

（十）运动之美

楚国建筑艺术，洋溢着一种异常强烈的生命活力，一种激越雄劲的运动精神。如楚国的建筑，总是力求化静为动，蕴含着一种活泼、热烈的生命活力。就结构的形式法则来看，它常常大胆地打破那种呆板的平衡对称，而努力追求一种总体向上的、动态的平衡。如按照周代的营造制度，宫城应在都城中央或中轴线上；但是，楚都南郢的宫城却独占东南，既不居城中，也不在中轴线上。这种体现着动态之美的营构法则，是楚人不为传统所拘的变革精神的宣泄。

凤，作为楚人崇拜的灵物，在楚国建筑及小品中比较多见。如江陵西汉初年墓出土一件陶屋模型，屋顶上伫立一只凤鸟，展翅欲飞，正是楚人崇尚的“惊采绝艳”与生命运动的力的结合。楚人把凤的形象以建筑形式表现的美学意识，对后世产生了一定的影响。如汉武帝造建章宫，中殿的顶上就立着一只高大的铜凤，东阙即凤阙的顶上也立着一只铜凤。汉武帝还建造了飞廉观，飞廉即风神，其身亦为凤。及至魏晋时，还有铜雀台和朱雀宫。

凤在楚人后裔建筑中如此受到宠爱，不只是后人出于对祖先图腾信仰的眷念，还由于凤能使人获得某种不可言喻的审美享受和某种激越奋发的精神力量。

五、楚建筑文化在今天的借鉴

通过对楚建筑文化内涵、特征的系统梳理和对荆楚各历史时期建筑的全面回顾，我们发现，楚建筑文化中的文化内涵、文化元素、文化特质，对荆楚建筑的设计、建造、装饰诸方面，产生了深厚的影响，楚建筑文化为荆楚建筑打下深深的烙印，即所谓荆楚派风格。

有鉴于此，我们通过挖掘楚建筑文化的内涵，探寻楚文化在现代建筑设计中的运用价值与推广，力图将现代建筑技术、功能空间、自然环境、生活习俗、历史文脉巧妙地结合一体，获得独特的艺术风貌和文化品位，为荆楚当代建筑注入文化基因与文化记忆。

（一）意境借鉴

楚建筑尤其是行宫、高台建筑，常常是以整个宇宙空间为背景。楚人往往采用大的、整体的块面，使建筑与自然环境更好地融为一体。楚之强台“南望料山，以临方皇，左江而右淮”（《淮南子·道应训》）。

此外，楚人天人合一、上善若水的思想，也是可以尝试移借的意境。

比如，上海世博会湖北馆，外形以古篆书“水”字为原型，以水流动的形状轨迹作为造型主线，外观设计元素选择楚文化特有的符号——楚凤云翔，勾勒出一个灵动流畅的内聚性展示空间。这一设计既凸显了楚文化风格，也彰显了湖北千湖之省的地域特色、“上善若水”的荆楚人文智慧。

（二）造型借鉴

1. 高台、宽屋檐、大坡式屋顶

我们将楚建筑的美学特征归纳为前述10个方面，其中，最能反映楚建筑造型特征的是线形之美、空灵之美、超拔之美。高台建筑、干栏式建筑最能反映楚建筑的这些审美特征，值得今天建筑设计借鉴。

案例1：武昌火车站新站

武昌火车站新站正是运用了楚地建筑中的中轴对称、高台、宽屋檐、大坡式屋顶等独特的建筑形式，来传承楚地历史文化精髓，有如下特征：

（1）整体建筑物被设计成长方形，呈中轴对称布局；

（2）主体建筑上方的大坡顶，凸显楚建筑轻盈之美；

（3）石材筑起的倾斜外墙、高高耸起的两端望楼，吸取了汉阙的理念，望楼左右相对，与主楼建筑浑然一体，整体建筑呈现出挺拔之美；

（4）火车站建筑物的外墙上镶编钟纹饰，入口广场铺地图案以抽象的“编钟”式样为母题，配以凤架鼓、宝鼎、编钟等楚文化艺术品雕塑群，进一步凸显楚文化特色；

（5）火车站整个建筑被覆以偏灰的色调，也是基于楚建筑古朴自然的特点；

（6）候车厅的命名楚味十足，如楚道厅、楚风厅、楚韵厅等。

总之，武昌火车站建筑是在很好地传承荆楚文化建筑风格的基础上，精心设计、建造而成的，因此武昌火车站新站也被称为“荆楚文化之门”。

武昌火车站新站(图片来源:视觉中国)

武昌火车站始建于1916年,是一座有一百多年历史的现代化车站

案例2:湖北省博物馆

湖北省博物馆由高台基、宽屋檐、大坡面屋顶的仿古建筑三足鼎立,构成一个硕大无朋的“品”字。其总体布局高度体现了楚国建筑中轴对称、“一台一殿”、“多台成组”、“多组成群”的高台建筑布局格式,整个建筑风格突出了楚国多层宽屋檐、大坡式屋顶等楚式建筑特点。

湖北省博物馆造型自然和谐,产生出层层叠摞的美感,使人不由想起楚国“层台累榭”的建筑形式。

2.干栏

干栏式建筑是楚国乃至江南地区流行久远的建筑形式。

案例1:东湖磨山楚市

武汉东湖磨山楚市是一处仿古建筑,再现了楚国先民进行商品交换等活动的场所,由西牌坊、街道组成,共有特色门店29间。

“楚市”二字摹自楚简。街道曲径通幽,房屋大量采用红、黑、黄三色楚漆器基调。房屋为干栏式吊脚楼,干栏式吊脚楼和脊饰也颇有楚风,吊脚楼采用了露明穿斗的构造形式。

案例2:鄂西吊脚楼

湖北鄂西土家族聚居地的吊脚楼式建筑是由干栏式建筑演变而来的,颇有楚国建筑的遗风。

3.外部形式

除了借鉴建筑造型,在装饰、色彩、材料以及局部细节等方面,也可以综合借鉴楚文化元素,为今之建筑所用。

案例:洪山礼堂

湖北武汉的洪山礼堂建筑造型为一只展翅高飞的巨型九头鸟,其门楼顶部九个编钟造型的窗洞、墙面虎座双鸟鼓浮雕及玻璃幕墙上楚服图案,都彰显了楚文化的风格。

洪山礼堂成为汇集荆楚人民智慧、蕴含厚重荆楚文化底蕴、融合现代

湖北省博物馆(图片来源:视觉中国)

1953年湖北省博物馆筹备处成立,1963年定名湖北省博物馆,现为中央与地方共建国家级重点博物馆和国家一级博物馆

鄂西吊脚楼(史江洪　摄)

吊脚楼被称为巴楚文化的"活化石",如学者张良皋认为"土家吊脚楼是楚建筑的原型和余绪"

文化气息的一座现代建筑艺术精品。

（三）色彩借鉴

楚艺术色彩的特征，大都色彩绚丽，但楚人有尚赤、尚黑之风，其建筑的主色调仍为红、黑两色。

以红、黑色的强烈对比为基调，再敷陈五彩，既深邃、幽远、虚玄，又斑斓、缤纷、悦目。交汇融混在一起的色彩效果，来源于楚人的远古图腾观念和祖先崇拜意识。

案例1：武汉琴台大剧院

武汉琴台大剧院坐落于月湖之畔、汉江之滨，隔湖可南望始建于北宋年间的古琴台，是武汉最高档次的文化表演场所之一。

剧院大厅对面墙壁上一片斑驳的浅红，看上去如木材的纹路。剧场是整个大剧院的核心，一进剧场，鲜艳的红色和深沉的黑色立刻包围上来。相比造型的张扬和现代，大剧院内源自楚文化基色的装饰则显得热烈而不失沉稳，具有浓郁的荆楚文化风情。楼廊道演奏各种乐器的乐佣，形态各异、栩栩如生，构成了琴台大剧院一道美丽的风景线。

案例2：荆州火车站

古城新韵，荆楚之门。荆州火车站站房提取了荆州城墙、城门、城楼等元素，尤其是楚文化元素。站房设计中运用现代化表现手法，大胆运用代表荆楚文化的红色，传达出丰富的传统建筑意向及荆楚文化特色。

案例3：湖北省博物馆楚文化展区

湖北省博物馆楚文化展区的色彩设计以红、黑两种标志色为主色调，局部上使用明净素雅的灰和青色调，给人以舒适宜人、清爽平静的感觉，表现出景色如画、色调和谐的楚国风貌。

楚典籍

一、楚典籍与中华文化

历经八百年风雨的楚国，汇聚了无数贤士精英，他们在荆楚大地上纵横驰骋，不仅留下了无数珍贵典籍，更使楚文化成为中华文化璀璨星空中不可或缺的耀眼星辰。

从西周早期开始，楚族领袖鬻熊依附于周人。《史记·楚世家》载："鬻熊子事文王。"鬻熊受到周文王重用，按照后世楚武王熊通的说法，他曾担任"文王之师"。《汉书·艺文志》收录有《鬻子》十九篇，今尚存部分残篇，虽然班固自注"后世所加"，将其归入小说家之流，但《列子》《慎子》《新书》都曾引用《鬻子》文字，即使该书不是鬻熊亲著，也应当在战国已经成书并广泛流传，作者很可能是楚人。西周初年，周武王去世后，年幼的周成王继位，周公旦摄政。因有人向成王诬陷周公，周公出奔楚国避难，史称"周公奔楚"。虽然成王与周公的误会没多久就解开，但周公奔楚之时，很可能会携带一部分周王室的文献来到楚国。这种猜测在清华大学收藏的战国竹简中得到部分印证，这批竹简中收录有《金縢》《皇门》两篇文献，都直接与周公有关，也是战国时期楚地流传的儒家文献。

春秋末期，东周王室陷入诸王子争位的混乱之中。周景王崩，王子猛继位为悼王，其兄弟王子朝发动兵变杀死悼王。此时晋国出兵干预，支持景王的另一个儿子继位为敬王，与王子朝混战三年。最终王子朝战败，逃到楚国，史称“王子朝奔楚”。《左传·昭公二十六年》记载：“王子朝及召氏之族、毛伯得、尹氏固、南宫嚚奉周之典籍以奔楚。”王子朝在发动兵变时，曾经控制都城，周王室的大量文献典籍都在其掌握之中。所以当他出奔楚国时，把这些周朝典籍一并携带到楚国，为的是将来有机会回到王都，这些典籍还能成为治理朝政的辅助资料，同时也是自身正统地位的证明。但随着十年后吴师入郢，王子朝在混乱局势中被杀，这批典籍就留在了楚国。到春秋晚期的楚昭王时，楚王身边已经有来自周王朝的史官(周大史)随侍左右提供咨询了。王子朝奔楚是中国文化史上的一次大事件，周人与周典籍大量进入楚国，使得当时的楚国成为南方地区的文化中心。这也加剧了王官之学下移的趋势。

春秋晚期到战国早期，楚国疆域已经伸入淮河流域，逐渐形成了淮河与汉水之间的文化交错地带，从而促进学术与思想的蓬勃发展，为中华文化留下了诸多重要典籍。比如《史记·老子韩非列传》记载来自“楚苦县厉乡曲仁里”的老子，“见周之衰，乃遂去”，在关尹喜的要求下著书《道德经》五千言，成为道家学派的开创者。这位关尹也因此成为老子学说的重要传人，《庄子·天下》中将他与老子并列，称赞说：“关尹、老聃乎，古之博大真人哉!”他似乎也留下自己的著作，《汉书·艺文志》著录有《关尹子》九篇。老子的弟子还有文子，今本《文子》记载了老子与文子之间以师生身份问答。《汉书·艺文志》著录《文子》九篇，班固认为这九篇《文子》可能是伪托之作。但根据长沙马王堆出土帛书《黄帝帛书·经法》内容有多处与今本《文子》相同，证明今本《文子》并非伪书而是颇有价值的先秦古籍。司马迁在《史记》的《老子韩非列传》《仲尼弟子列传》中都提到了楚国隐士老莱子，孔子曾向他请教，《汉书·艺文志》著录有《老莱子》十六篇。《老子》《关尹子》《文子》《老莱子》等文献共同构成了道家学派的系列文献，成为道家学术的源头。

战国中期以后，各家学说思想都在楚国流传，形成以儒家思想为主体，其他各家思想并存的文化格局。其中因为著名的稷下学宫一度走向衰败，不少学宫的学者南下来到楚国，为楚国思想界注入一股清流，带动了楚国学术日渐繁荣。荀子在稷下学宫享有盛名，《史记·孟子荀卿列传》形容“荀卿最为老师”“三为祭酒”，意思是荀卿资历深、学问大，在学宫三次推举为祭酒，是公认的学术领袖。荀子在历史上曾三次赴楚，在楚国长期治学授徒，还曾担任楚兰陵令，最后终老于楚国，葬于兰陵。《文心雕龙·时序》追述此段经历时说：“荀卿宰邑……兰陵郁其茂俗。”所谓“宰邑”，是指荀子曾担任兰陵令；“郁其茂俗”，指荀子在兰陵教授弟子，切磋学问，形成浓郁的学术氛围。他的著述活动，司马迁描述为“推儒、墨、道德之行事兴坏，序列著数万言而卒”。这便是流传至今的儒家经典《荀子》，全书大约在他去世前于兰陵县完成。从稷下学宫来到楚国的学者，还有慎到与环渊。慎到也是稷下学宫的著名学者，曾在齐国被赐为上大夫，因不满齐王之政离开齐国，赴楚国担任怀王太子横的太傅，在《战国策·楚策二》中留有他的事迹。慎到的思想融合了道家与法家，《汉书·艺文志》著录《慎子》共四十二篇，现今只留下少量残篇，但他的学说中关于治术的“势”的理论被后来的韩非子所吸收，影响深远。环渊也是被赐为上大夫的学宫知名学者，其学说属黄老道家，《史记·孟子荀卿列传》记载其著《上下篇》，《汉书·艺文志》著录的《蜎子》十三篇据说也是他的作品。

除了荀子、慎到、环渊等外来学者，楚国本土亦孕育出一批卓越的学者与文学家，他们如璀璨星辰般闪耀于中华文化的浩瀚苍穹。

《文心雕龙·时序》载：“齐开庄衢之第，楚广兰台之宫。”齐国的稷下学宫闻名于天下，而楚国的“兰台之宫”亦可与之相媲美。屈原、宋玉、唐勒、景差等皆为“兰台之宫”的杰出代表人物，他们以辞赋见长，传承并发扬了楚辞的艺术风格，形成了独特的作家群体。正如刘勰所言，“屈平联藻于日月，宋玉交彩于风云”，这些文人以卓越的才华和深刻的思想，为楚国的文化繁荣做出了不可磨灭的贡献。早在楚辞作家开始创作之前，楚地已经有类似楚辞的民歌存在，比如《说苑·善说》中保存下来的《越人歌》，几乎与楚辞无异。此外，楚狂人接舆在孔子车前咏唱的《凤兮歌》、《孟子·离娄》与《楚辞·渔父》中共同记载的《沧浪歌》，都是有着楚地民歌特点的隐士之歌。待到战国中期，社会急剧变革，百家争鸣，楚辞崛起于荆楚大地，将我国诗歌创作推向一个新的高峰。《文心雕龙·辨骚》写道："自风雅寝声，莫或抽绪，奇文郁起，其《离骚》哉！"被刘勰赞誉为"奇文"的楚辞，其宗师便是屈原。屈原的作品，汉代班固《艺文志》著录有二十五篇。直到西汉初期，楚辞仍受到各阶层人士的喜爱，西汉酷吏朱买臣因善读楚辞而得幸于汉武帝，淮南王刘安亲自为《离骚》作传，司马迁的《史记·屈原列传》更是对屈原作品高度推崇。汉代王逸所著《楚辞章句》是现存《楚辞》注本中最古老的一部，其中标明"屈原之所作"的作品也是二十五篇，与《艺文志》所录篇数相同，但具体哪些篇目是屈原本人作品，长期存在争论。一般认为《离骚》《九歌》《九章》《天问》等是大致无争议的屈原作品。《史记·屈原列传》记载："屈原既死之后，楚有宋玉、唐勒、景差之徒者，皆好辞而以赋见称。"但此时的楚国文坛，已经见不到屈骚那样的鸿文伟辞了，多数楚国文人只能奉王之命以辞赋助兴，或者归隐山林。宋玉是屈原之后的著名辞赋家，主要活动于楚顷襄王之世。他被友人引荐给顷襄王，在楚王身边做"小臣"，虽有济世之志，但楚王只欣赏其文才而不愿委以重任。他留下的作品，《汉书·艺文志》著录为楚赋十六篇，《隋书·经籍志》录《宋玉集》三卷，但大多亡佚。如今《楚辞章句》保存有宋玉的《九辩》，萧统《文选》收录有《高唐赋》《神女赋》《登徒子好色赋》等五篇。与宋玉同时的唐勒、景差两人的事迹都不可详考，只知道他们都是顷襄王的文学侍从之臣。《汉书·艺文志》著录唐勒"赋四篇"，未著录景差作品。唐勒作品均已亡佚，仅《水经注·汝水》注引唐勒《奏土论》中几句而已。1972年，山东临沂银雀山汉墓出土汉简《御赋》篇，首简背面题有"唐革(勒)"文字，学者多认为是唐勒作品，故而该赋又称《唐勒赋》。

屈原、宋玉等文人以其辞赋独领风骚，名动天下。与此同时，在荆楚地区还有一批著名学者，他们以深刻的思想和卓越的见解，对中华文化产生了深远影响。

庄子是老子之后的道家思想集大成者，与老子并称“老庄”。关于他的故里，学界向来有宋地说、楚地说、梁地说、齐鲁地说等不同观点，相持不下。但庄子无疑在楚国生活过相当一段时间。《庄子·秋水》载庄子钓于濮水，楚威王欲聘庄子为相，此濮水为原陈国境内的河流，已纳入楚境。庄子隐居于此地，安贫乐道、深匿不仕，他的著作《庄子》应也有部分篇章是在濮水边写下的。现存《庄子》版本由晋人郭象整理编定，分为内、外、杂篇，一般认为内篇应是庄周自著，外、杂篇兼有后学之作。《庄子》对后世产生了极为深远的影响，堪称研究中国哲学与中国文学的经典必读之作。其作品具有浓厚的浪漫主义色彩，想象力丰富，寓言故事生动传神，讽刺笔调辛辣犀利，在中国文化史上，鲜有作品能与之媲美。同处于楚威王时代，还有一位星相术数家唐昧，在《史记·天官书》中与甘公、石申(《甘石星经》的作者)齐名，但在《汉书·艺文志》中并未记载唐昧作品，东汉应已失传。

到战国晚期，从道家分化出来的黄老学派与阴阳术数之学紧密结合，成为当时楚国思想界的趋势。鹖冠子是此时期楚国黄老学派的代表人物，也是一位楚国隐士。《汉书·艺文志》著录有《鹖冠子》一篇，班固注云：“楚人，居深山，以鹖为冠。”《隋书·经籍志》著录为三卷，可见时人见过此书。现今的传本是宋代陆佃的注本，显示出以道家为本，兼容儒、法、兵、杂家及阴阳术数的特点。虽然《鹖冠子》的真实性长期以来备受质疑，唐代柳宗元甚至撰写《辨鹖冠子》一文，直斥其为伪书，但长沙马王堆出土帛书《黄帝书》中，很多观点和语句与《鹖冠子》相同。这一发现有力证明了《鹖冠子》的真实性及其作为重要文献的价值。战国晚期另一位值得注意且留下著作的楚国道家学者便是长卢子。《汉书·艺文志》著录有《长卢子》九篇，归入道家之流。然而，《长卢子》如今已无传本存世，其具体内容难以确考。不过，从《列子·天瑞》中记载的“杞人忧天”故事中，可以窥见长卢子的思想特色。在该故事中，长卢子以“积气之成乎天”“积形之成乎地”的物质论解释天地宇宙的生成，提出了颇具特色的宇宙生成理论。这种理论体现了长卢子对自然哲学的深刻思考，也反映出《长卢子》一书可能蕴含的丰富思想内容。战国晚期，楚国涌现出南公、甘公等一批阴阳术数家。南公最著名的预言是“楚虽三户，亡秦必楚”，《汉书·艺文志》著录《南公》三十一篇，归入阴阳家之流。甘公曾以天象指引楚汉战争中的张耳投奔汉王刘邦，《汉书·艺文志》著录《甘德长柳占梦》二十卷，归入数术家之流。

二、中华经典文献之传承

中国有着悠久历史文化传统，文字记载的历史一直可以追溯到商代。商代的甲骨卜辞便是一种为人熟知的占卜类文献。中国文献典籍的传承历来受到官方的重视。春秋时代以前，文献典籍大多集中保存于官府，由大(太)史、小史、内史、外史等专门史官掌管。《周礼·春官》记载，“大(太)史掌建邦之六典”，“小史掌邦国之志”，“内史掌王之八枋之法，以诏王治……掌书王命，遂贰之”，“外史掌书外令，掌四方之志，掌三皇五帝之书。掌达书名于四方”。这些典、志、法、命类文献都是朝廷治理天下的重要依据。每到王朝发生丧乱之时，史官们还会带着掌管的文献投奔新主。《吕氏春秋·先识》中记载，夏代末年太史令终古出奔于商，商朝末年内史向挚出亡之周。《史记·太史公自序》载，春秋早期周惠王、周襄王时，因为王子颓与叔带先后发动争夺王位的动乱，世代为周王室掌管周史的司马氏离开周室出奔晋国(司马氏的后裔便是大名鼎鼎的太史公司马迁)。据《左传·昭公二十六年》记载，前516年，周景王的儿子王子朝在争夺王位的斗争中失败后，带着心腹大臣与大量的周朝典籍，出奔到楚国避难。随着这些史官等人一起被带走的便是官府中保存的典籍，许多文献有幸得以躲过兵灾、保存下来。

春秋晚期以后，不仅周天子与王室日趋衰弱，各诸侯国的政治结构也经历了“政在家门”“陪臣执国命”与“社稷与常奉，君臣无常位”的变迁，传统贵族统治无可避免地衰落下去。田氏代齐、三家分晋，已经成为社会常态。礼崩乐坏所引发的政治变革，在思想与文化领域也产生一系列重大变革。西周以来的“天命”观念受到动摇，“天道”“鬼神”已经不再具有当初的神圣性，反而是“重民”“人道”等观念地位不断提高，人本身的价值受到广泛重视。与此同时，教育与学术呈现出平民化的趋势，表现为从西周时期“学在官府”到春秋时期“有教无类”的巨大变革。西周时，学校教育主要是由周天子的文化官吏以“宦学事师”的方式来传授的，教育机构设置于官府之中，由官吏进行教学，因而也被称为“学在官府”。能够进入学校的只有贵族子弟，庶人百姓是没有资格接受教育的。但自从平王东迁之后，周王室逐渐式微，诸侯国内部卿大夫互相倾轧、政局动荡，很多王室与诸侯国的官吏失去原本的地位，沦落到其他诸侯国与民间。《论语·微子》载：“大(太)师挚适齐，亚饭干适楚，三饭缭适蔡，四饭缺适秦，鼓方叔入于河，播鼗武入于汉，少师阳、击磬襄入于海。”邢昺疏曰：“此章记鲁哀公时，礼坏乐崩，乐人皆去也。”太师挚、亚饭干等人都是鲁哀公时的乐官。因鲁国三桓家族权倾朝野，与试图收拢君主权力的鲁哀公发生激烈冲突，鲁哀公被迫流亡越国，乐官们纷纷出奔、流散各地，这正是当时官吏沦落民间的缩影。《左传·昭公十七年》记载孔子向郯子请教之后感叹说：“吾闻之，‘天子失官，官学在四夷’，犹信。”这里的“四夷”并非四方的少数民族，而是指图书学术流散于四野。从“吾闻之”来看，孔子对此说早有耳闻，与郯子对谈后更加确信无疑了。官学流散传播于四地，在春秋晚期已经成为普遍共识。随着“学在官府”的教育垄断被打破，官学逐渐没落，民间私学蓬勃兴起，对于受教育对象出现“有教无类”的趋势，原本被贵族阶级垄断的文化知识开始普及到原来的平民也就是史书所称的“国人”之中。春秋时期郑国执政大夫子产“不毁乡校”，受到孔子的赞扬，其实官学的维持在春秋末期已经成为个别事件。当时的史料中已经很少见到官学的踪迹，而私学已经在各国星罗棋布，其中办学最好、对后世影响最大的私学创立者便是孔子。《史记·孔子世家》记载其弟子有三千人，“颇受业者甚众”，其中精通六艺者七十二人，后世称“七十二贤人”。原来对讲礼的知识分子有“儒”的称呼，孔子当时也教导弟子成为“儒”，比如《论语·雍也》中有“女(汝)为君子儒，毋为小人儒”，因而孔子成为“儒家”的创始人。时代稍晚的墨子也是创办私学的大师，他创立了墨家学派，据《墨子·公输》篇中墨子对楚王的说法“臣之弟子禽滑厘等三百人”记载，其弟子甚众。《吕氏春秋·当染》曾有这样的形容：“孔墨之后学显荣于天下者众矣，不可胜数。”

春秋晚期以后不但流行私学，也随之出现私家整理前代文献典籍的情况，孔子又是其中的代表人物。当时流传的主要文献典籍有六种，即《诗》《书》《礼》《乐》《易》《春秋》，称为“六艺”，后世又称“六经”。孔子对六经这些前代流传下来的文献典籍进行了校释整理。比如《易》，《史记·孔子世家》记载：“孔子晚而喜《易》，序《彖》《系》《象》《说卦》《文言》。读《易》，韦编三绝。曰：‘假我数年，若是，我于《易》则彬彬矣。’”《论语·述而》：“子曰：‘加我数年，五十以学《易》，可以无大过矣。’”

伴随着学术下移、私学兴起等社会趋势一起发展的重要现象，便是士阶层的崛起。多数学者都认为最初的“士”是武士，原本乃是低级之贵族，经历春秋战国时期的激烈社会变动之后才转化为文士。春秋战国之际，传统“封建”秩序进入解体阶段，下降的上层贵族与上升的庶民汇合于士阶层，士的人数随之大增。大批有知识有学问的士人，他们以“仕”为业，却有着“士无定主”的自由。各诸侯出于巩固政权、摸索统治经验目的，广招天下之士，用士养士之风盛行，允许其自由著书立说与四处游说，宣传各自的思想及主张，为士阶层开辟了广阔的天地，给了他们发挥智慧与才能的机会，也为诸子之学兴起、百家争鸣兴盛提供了土壤。

春秋战国时代，聚徒讲学成为社会风尚，著名学者几乎没有不聚徒讲学的，多数知识分子也将从师作为进入仕途的重要门径。门徒们将师长言行与讲学的内容记录下来，便成为著书立说、诸子争鸣的主要方式。比如《论语》是孔子弟子及其再传弟子关于孔子言行的记录，《墨子》是墨子与其重要弟子言行、学说的汇集。因诵读与学习的需要，传写的古书数量大增，当时的书大多写在竹简上，或写在较为珍贵的绢帛之上，时人称之为“书之竹帛”（《墨子·明鬼》）。当时的大学者往往有较多的藏书。比如战国时著名学者惠施藏书很多，“其书五车”（《庄子·天下》），这也成为成语“学富五车”的由来。

在战国时代社会大变革的背景下，各个学派的代表人物站在不同的立场上，为君主政权提出了种种建国方略与哲学理论，并由此开创“百家争鸣”的学术思潮。各家之间互相批判、辩论，又互相吸收、影响。司马迁之父司马谈曾经把诸子百家总结为阴阳、儒、墨、名、法、道德六家，并论六家之要旨。西汉末年的学者刘歆，又把各家总结为十家，即儒、墨、道、名、法、阴阳、农、纵横、杂及小说家。以上除了小说家偏文学领域，余下的各家被后世称为“九流”。

到了战国时期，随着私学与私人著述兴起，流传在士人间的文献日渐丰富。据《庄子·天下》载：“其明而在数度者，旧法世传之史尚多有之。其在于《诗》《书》《礼》《乐》者，邹鲁之士、缙绅先生多能明之。《诗》以道志，《书》以道事，《礼》以道行，《乐》以道和，《易》以道阴阳，《春秋》以道名分。其数散于天下而设于中国者，百家之学时或称而道之。……后世之学者，不幸不见天地之纯，古人之大体，道术将为天下裂。”这里面提到的《诗》《书》《礼》《乐》《易》《春秋》等经书，是最早的一类古文献。先秦诸子之书大部分成书于战国，并经过汉代的校定，构成了经书之后的第二大类较早的古文献。[①]除了《庄子·天下》外，《荀子·非十二子》《韩非子·显学》等都曾专门纵论当时流行的各派之学术，从中可以想见当时各派之间争鸣辩论之盛况。

秦灭六国之后，因博士淳于越与仆射周青臣之间存在关于“师古”的争论，丞相李斯趁机将矛头对准诸生，指责读书人“不师今而学古，以非当世，惑乱黔首”（《史记·秦始皇本纪》），因而建议秦始皇下令焚书，造成中国文

① 孙钦善：《中国古文献学史》，中华书局2014年版，第28页。

化史上的一场浩劫。据《史记·秦始皇本纪》载，当时按照李斯的意见，史官收藏的《秦记》以外的史书都要烧掉，非博士职官所藏的“《诗》、《书》百家语”也要烧掉，只准保留“医药卜筮种树之书”，令下之后三十日不烧者，黥为城旦，罚为刑徒。在这场文化浩劫中，大量先秦文献被付之一炬，再没能流传下来。司马迁在《史记·儒林列传》中对此评论道：“及至秦之季世，焚《诗》《书》，坑术士，六艺从此缺焉。”

经历秦始皇焚书之后，秦末汉初社会动荡、战争频仍，先秦的文献典籍再次面临散失严重的局面。汉元年（前206年），项羽军进入咸阳，纵火焚烧秦宫室。原本在秦火之余保存于博士官府的《诗》、《书》、百家语等又损失殆尽。直到汉朝初年，先秦文献的搜集、整理、传播还处于自发状态，在秦朝民间冒着刑狱风险偷偷保存下来的古书逐渐被找出来，《史记·太史公自序》对此形容为“《诗》《书》往往间出”。汉代朝廷广开献书之门路，建藏书之策，置写书之官，收诸子传说以充秘府，开始了有组织的整理时期。到汉成帝、哀帝之际，刘向、刘歆父子受诏校理群书而奏《七略》，此时搜集整理的典籍颇具规模，但仍有许多文献已经湮没于历史尘埃之中。

三、出土楚简

近一个多世纪以来，不断从地下发掘出土了大批古代文献，包含甲骨文、金文、简牍帛书、敦煌卷子等，这些地下出土的文献被通称为出土文献。出土文献所具有的最大价值，便是它长期掩埋于地下未经后人流传改写的特性，从而真实地保留了当时的原貌，因而具有很强的文献真实性。不少现今流传的传世文献，经过与出土文献的对比，会发现文献在长期的流传过程中总会有或多或少的失真现象。另外还有许多文献则会因为各种缘由而失传成为佚书，直到出土文献的公布才得以重见天日。在楚国有关的出土文献中，尤其以简牍最为引人瞩目。据陈伟先生2012年统计，楚简自从20

世纪50年代陆续出土以来，当时的出土单位在30处以上，书写字数在10万字以上。[①]自2012年后，又有多个批次的楚简陆续公布，以上数据仍在持续增长中。下面将以考古出土过程中的常见程度为序对楚简进行分类，并对楚简出土概况作简单介绍。

（一）遣册类与卜筮祭祷类楚简

出土楚简中批次最多的当属遣册类，它是用于记录下葬物品的清单，所以在墓葬中最为常见。卜筮祭祷简则是墓主生前请专门的卜人为自己进行卜筮祭祷的记录，通常用于卜问身体状况或政治仕途。这两类简带有私人属性，常常同出于墓中。以下批次的楚简主要为遣册与卜筮祭祷简。

五里牌竹简，1951年出土于湖南省长沙市五里牌406号楚墓。墓中出土残简38支，内容属于遣册。[②]

仰天湖竹简，1953年出土于湖南省长沙市仰天湖25号楚墓，共计竹简43支，272字，内容皆为遣册。[③]

望山楚简，1965—1966年出土于湖北省江陵县八岭山望山1号、2号墓，墓葬年代为战国中段的后期。望山1号墓出土楚简207枚，主要内容为卜筮记录。望山2号墓出土楚简66枚，共计900余字，主要为遣册，分类记录车马器、漆木器、铜器、各类服饰、寝具及竹木器、陶器等随葬物品名称。

曾侯乙墓竹简，1978年出土于湖北省随县擂鼓墩1号墓，是我国通过科学发掘出土的时代最早的竹简，墓葬年代在前443年或稍晚。[④]曾侯乙墓共出土有字竹简240枚，总字数约7000字。竹简经过拼接整理后，编为215号。竹简主要是记录下葬物品用的赗书遣册，整理者将其分为4类：记录车马和车上的兵器装备；记录车上配备的人马两种甲胄；记录驾车的马；记录

---

① 陈伟：《楚简册概论》，湖北教育出版社2012年版，“绪论”第1页。

② 参见中国科学院考古研究所《长沙发掘报告》，科学出版社1975年版。

③ 参见湖南省博物馆《长沙楚墓》，文物出版社2000年版。

④ 参见湖北省博物馆《曾侯乙墓》，文物出版社1989年版。

马和木俑。

天星观楚简，1978年出土于湖北省江陵县观音垱天星观楚墓1号墓，墓主下葬时代在前340年前后（楚宣王或楚威王时期）。①墓中发现竹简中有整简70余枚，其余均残断，字数共计4500余字。竹简主要分为卜筮祭祷简和遣册两部分。

临澧九里竹简，1980年出土于湖南省临澧县九里1号楚墓，共计竹简100余枚，内容大部分为遣册，少部分为卜筮祭祷简。②

秦家咀楚简，1986—1987年出土于湖北江陵庙湖鱼场秦家嘴铁路线段秦家咀1号、13号、99号墓。1号墓出土7枚简；13号墓出土18枚简，皆为卜筮祭祷简；99号墓出土16枚简，包含卜筮祭祷简与少量遣册。以上竹简皆残断。③

鸡公山竹简，1990—1992年湖北省荆州市鸡公山墓地8号墓出土，内容为遣册，具体内容未公布。

曹家岗楚简，1992—1993年出土于湖北省黄冈市禹王城南的曹家岗墓地5号墓。竹简出土共7枚，共计40字，皆为遣册。④

安岗楚墓竹简，1992—1993年出土于湖北省襄阳市安岗墓地M1、M2，墓主年代为战国中期偏晚。M1出土21枚竹简，M2出土4枚竹简，内容皆为遣册。⑤

范家坡竹简，1993年出土于湖北省江陵县范家坡27号楚墓，仅出土1枚竹简，共27字，内容为卜筮祭祷记录。⑥

葛陵楚简，1994年出土于河南省新蔡县葛陵村葛陵楚墓（94XGM1001），

① 参见湖北省荆州地区博物馆《江陵天星观1号楚墓》，《考古学报》1982年第1期。

② 参见文物出版社《新中国考古五十年》，文物出版社1999年版。

③ 参见晏昌贵《秦家嘴"卜筮祭祷"简释文集校》，《湖北大学学报（哲学社会科学版）》2005年第1期。

④ 参见黄冈市博物馆、黄州区博物馆《湖北黄冈两座中型楚墓》，《考古学报》2000年第2期。

⑤ 参见刘国胜、胡雅丽《湖北老河口安岗楚墓竹简概述》，《文物》2017年第7期。

⑥ 参见滕壬生《楚系简帛文字编》，湖北教育出版社1995年版。

下葬年代为战国中期前后（前340年左右）。出土竹简1571余枚，约8000字，皆残断，内容可分为两类：绝大部分为卜筮祭祷记录，少量为遣册。①

严仓楚简，2009年出土于湖北省荆门市沙洋县后港镇松林村二组严仓1号墓，墓主下葬时间在前344年至前286年之间。墓中出土700多枚竹简，全部残断，主要内容分为遣册与卜筮祭祷两大类，以前者为多。②

丁家咀楚简，2009年出土于湖北省武汉市江夏区山坡乡星光村战国楚墓M1、M2。M1出土残简1枚，内容为遣册。M2出土竹简分为两类：一类是卜筮祭祷简，共编号74个，经缀合后存编号54个，共490字；一类是遣册，共编号25个，经缀合后存编号16个，约210字。③

望山桥楚简，2013年出土于湖北省荆州市荆州区川店镇望山村望山桥1号楚墓，墓主年代为楚宣王晚期（约战国中期偏晚）。墓中出土竹简15枚，其中卜筮祭祷简5枚，遣册10枚。④

另外，长台关楚简、包山楚简中也有部分为遣册与卜筮祭祷简。

（二）典籍类楚简

典籍类楚简即为战国时期流传于楚地的典籍文献的抄录本，完整保留了当时的原貌，因而显得尤其珍贵。典籍类楚简出土批次相对较少，而经科学发掘出土的批次更少。

长台关楚简，1957年出土于河南省信阳市北20公里的长台关小刘庄长台关1号楚墓，该墓为战国早期墓葬。⑤墓中出土竹简137枚，分为两组：第一组109枚，残断严重，约500字，为儒家或墨家典籍；第二组28枚，较为完整，约1030字，皆为遣册。

九店楚简，1981—1989年出土于湖北省江陵县九店56号、621号墓，墓

① 参见河南省文物考古研究所《新蔡葛陵楚墓》，大象出版社2003年版。

② 参见李天虹《严仓1号墓墓主、墓葬年代考》，《历史研究》2014年第1期。

③ 参见鲁家亮、李永康《湖北武汉丁家咀M1、M2出土战国竹简》，《文物》2015年第6期。

④ 参见贾汉青《湖北荆州望山桥一号楚墓发掘简报》，《文物》2017年第2期。

⑤ 参见河南省文物研究所《信阳楚墓》，文物出版社1986年版。

葬年代分别为战国晚期早段、战国中期晚段。56号墓中共出土竹简205枚，其中有字竹简146枚，共计2700字。竹简内容可分为两类，一类应是记录农作物的数量，另一类是记录数术的《日书》，也是目前时代最早的《日书》文献。621号墓共出土竹简127枚，包括有字简88枚和无字简39枚。竹简简文中记有烹饪方式，疑为女训类的文献。①

慈利竹简，1987年出土于湖南省慈利县石板村战国、西汉墓地M36，下葬年代为战国中期前段。墓中出土竹简4557枚，全部残断，推测完整简总数量为800～1000枚，共计2万余字，内容多为与吴、越两国相关的史事。②

郭店楚简，1993年出土于湖北省荆门郭店1号楚墓，墓葬年代为战国中期偏晚（前4世纪中期至前3世纪初）。郭店1号楚墓共出土楚简804枚，有字简经统计为730枚，共13000余字。③

香港中文大学藏楚简，出土地不详，共10枚，多为残简，内容也无法联系，都是文献典籍类的楚简（包含《缁衣》与《周易》简各1枚）。④

上海博物馆藏战国楚竹书，1994年上海博物馆从香港古玩市场购回一批竹简（1200枚），后又收到相关人士捐赠一批竹简（497枚），因是盗掘出土，出土地点与时间不可考。竹简总字数3万余，皆为典籍文献，大致以儒家文献为主，辅以道家、兵家、阴阳家等。⑤

清华大学藏战国竹简，2008年清华大学接受了一批从香港古玩市场收购来的战国竹简捐赠。因系盗掘出土，故出土地点与时间不可考。根据碳十四年代测定，竹简年代为前305年前后30年，时为战国中晚期。竹简以典籍为主，数量在60篇以上，其中有相当部分的经、史类书籍。⑥

---

① 参见湖北省文物考古研究所《江陵九店东周墓》，科学出版社1995年版。

② 参见张春龙《慈利楚简概述》，《新出简帛研究》，文物出版社2004年版。

③ 参见荆门市博物馆《郭店楚墓竹简》，文物出版社1998年版。

④ 参见陈松长《香港中文大学文物馆藏简牍》，香港中文大学文物馆2001年版。

⑤ 参见马承源《上海博物馆藏战国楚竹书》（1—9），上海古籍出版社2001—2012年版。

⑥ 参见清华大学出土文献研究与保护中心《清华大学藏战国竹简》（1—10），中西书局2010—2020年版。

夏家台楚简，2014—2015年出土于荆州市荆州区郢城镇夏家台墓地M106，出土战国楚简400余枚，大致内容包括有《诗经·邶风》《尚书·吕刑》《日书》。[①]目前竹简尚未正式公布。

安徽大学藏战国竹简，2015年安徽大学入藏，出土地点与时间不可考。竹简共有1167个编号，主要内容涉及经、史、文和语言文字等类型，包含《诗经》、楚国史、孔子语录等诸子著作、楚辞等，多不见于传世文献。[②]

龙会河楚简，2018—2019年出土于荆州龙会河北岸墓地M324，共出土战国楚简324枚，主要内容为楚王世系与武王、周公事迹。[③]目前竹简尚未公布。

（三）档案文书类楚简

档案文书类楚简属于战国时期楚国政府官方档案的原件或副本，类型相当特殊，出土批次甚为稀少。

夕阳坡楚简，1983年出土于湖南常德夕阳坡2号战国楚墓，下葬年代大致为战国中晚期。墓中出土竹简2枚，共计54字，内容为文书简。[④]

包山楚简，1987年出土于湖北省荆门包山2号楚墓，墓主下葬年代为楚怀王前期（前316年）。墓中共出土竹简448枚，其中有字简278枚，总字数12472字。竹简内容为文书、卜筮祭祷记录、遣册三个大类，其中大部分为文书档案。[⑤]

江陵砖瓦厂楚简，1992年出土于湖北省荆州市江陵砖瓦厂370号战国

---

① 参见田勇、王明钦《湖北荆州刘家台与夏家台墓地发现大批战国墓葬》，中国文物信息网，2016年4月12日。

② 参见安徽大学汉字发展与应用研究中心《安徽大学藏战国竹简（一）》，中西书局2019年版。

③ 参见海冰《荆州龙会河北岸墓地出土战国楚简324枚》，《湖北日报》2019年5月7日，第8版。

④ 参见杨启乾《常德市夕阳坡二号楚墓竹简初探》，《楚史与楚文化研究》，《求索》增刊，1987年。

⑤ 参见湖北省荆沙铁路考古队《包山楚墓》，文物出版社1991年版。

楚墓。墓中出土竹简6枚，其中有字简4枚，能辨识的字共95个。简文内容为一起司法案例，其行文格式与包山楚简司法文书类似。[①]

（四）其他楚简

还有部分批次楚简，或者因文字无法识别，或者简文尚未公布，不能得知简文内容；也有部分竹简形制过于特殊，或者为签牌，或者纯粹为图画纹路，皆无法归入前列类别，故列入“其他楚简”。

杨家湾竹简，1954年出土于湖南省长沙市杨家湾6号楚墓，墓葬年代为战国晚期。墓中共计72枚竹简，文字模糊不清。[②]

藤店竹简，1973年出土于湖北省江陵县藤店1号墓，共有24枚竹简，计47字，内容未刊布。

马山1号墓竹简，1982年出土于湖北省江陵县马山1号楚墓，仅1枚简，8个字，内容属于签牌记事。[③]

九店411号楚墓竹简，1989年出土于湖北省江陵县九店411号墓。墓中出土2枚竹简，内容未刊布。

枣阳九连墩竹简，2002年出土于湖北省枣阳市吴店镇九连墩墓地M2，该墓为战国中期楚墓。墓中出土4组1359枚竹简，正面无文字，背面两端或全部黑漆绘勾连卷云纹图案。[④]

综合以上各类楚简的情况，在评选荆楚文化标识时，楚简凭借其珍贵的文物价值、在国内外的巨大学术影响力，必然名列其中。如果要从中选择某一个批次的楚简作为代表，需要对以上各类简牍的文化价值作一横向比较。

遣册类与卜筮祭祷类简，都是随墓主下葬的，因而都是私人属性的文

---

①参见滕壬生、黄锡全《江陵砖瓦厂M370楚墓竹简》，《简帛研究二〇〇一》，广西师范大学出版社2001年版。

②参见湖南省博物馆《长沙楚墓》，文物出版社2000年版。

③参见湖北省荆州地区博物馆《江陵马山一号楚墓》，文物出版社1985年版。

④参见湖北省文物考古研究所等《湖北枣阳九连墩M2发掘简报》，《江汉考古》2018年第6期。

书，虽然能够根据简文研究战国时代的风俗信仰、名物制度等领域，但其记载之内容终究比较单一，缺乏丰富性，很难寻求普遍性的文化意义。档案文书类楚简用于记录楚国官方档案，保留了大量的司法案例，为楚国司法史研究做出杰出贡献，但在中国所有出土简牍中并不算是最为特殊的一类。目前发掘出土的大量秦汉简，虽然时代稍晚，但多为律令与司法档案，不论是数量还是内容的丰富程度，都可以说是在楚国档案文书简之上的。其他楚简因简文信息不全，显然无法与前两类简相提并论。以上三种都难以被认定为是荆楚文化的代表性标识。最后只剩下典籍类楚简：夏家台楚简、龙会河楚简目前尚未公布具体简文；长台关楚简、九店楚简、慈利楚简，皆残断非常严重，很多篇目甚至都无法通读，在学界没有其他几批简的影响力大；上海博物馆藏战国楚竹书、香港中文大学藏楚简、清华大学藏战国竹简、安徽大学藏战国竹简，虽然简牍数量众多、研究成果连篇累牍，但皆非科学发掘出土。在这种情形下，经由考古学界科学发掘出土、简支数量庞大、内容丰富、较早公布的郭店楚简，便成为代表楚简的最佳选择，也是荆楚文化的最佳标识之一。郭店楚简是一座内涵极其丰富的思想宝库，虽然与后来公布的楚简相比，在数量上并不占优势，但每一篇都让人回味无穷，虽然后来出现了上博楚简等其他出土文献，但其思想内涵几乎都在郭店楚简的延长线上，并未因为新材料的出现而取代郭店楚简的价值。[1]

四、郭店楚简

郭店楚简出土于荆门郭店1号楚墓，自出土以来便成为海内外学术界的一大热点，相关研究取得了极为丰富的成果。

郭店1号楚墓位于湖北省荆门市沙洋区四方乡郭店村一组，南距楚都

① 曹峰：《融合最新学术成果的〈郭店楚墓竹书〉》，《中华读书报》2012年8月1日，第15版。

纪南城约9公里，东边约1公里是南北走向的207国道，西侧与江陵川店镇豪林村毗邻。整个郭店墓地坐落在高出周围地面3～5米的土岗之上，岗上分布有10余座中小型楚冢，与郭家岗墓地等22处墓地连成一片，构成庞大的楚墓群。1993年，郭店1号墓两次被盗，荆门市博物馆组织对1号墓进行了抢救发掘。

郭店1号墓位于墓地土岗南端，封土已经见不到了。墓坑为长方形土坑竖穴，方向为100度。墓口东西长6米，南北宽4.6米。墓底长3.4米，宽2米，墓深7.44米。墓室东壁有长方形墓道，长9米，宽2～2.32米。墓坑上部填黄夹红褐色五花土，中部填灰褐色土，下部为青灰泥，椁室四周填青灰泥。

葬具为一棺一椁，保存较好，由盖板、椁壁、底板及垫木组成。椁室由头箱、边箱、棺室组成。棺置于椁室北侧，棺长2米，宽0.72米，高0.86米，为长方形悬底方棺。墓主头向东、足朝西，置于棺内，仰身直肢，双手交置于腹部，两腿分开，仅存骨架。

墓葬中的随葬器物主要置于头箱与边箱中，棺内仅存丝织品腐烂残迹。出土铜器有盘、匜、耳杯、剑、戈、铍、箭镞、铜镜、削刀、环、軎辖、马衔、盖弓帽等。另外还有两件被认为是鸠杖的杖首，形制相同，首为鸠形。墓中出土17件漆耳杯，底部刻有铭文"东宫之杯"。墓主还随葬有"蜻蜓眼"料珠2件，乐器古琴1件，羽扇1件，玉带钩1件。其中玉带钩首尾雕成龙首形，腹部阳刻龙凤盘绕纹，皆为凤首龙身。

头箱中出土大量竹简，一经公布即引起学术界高度重视。竹简出土时因编绳腐朽而散乱无序，总共有804枚。竹简大部分完整，少量残断，还有部分被盗。竹简长15～32.4厘米，宽0.45～0.65厘米。形制上分两种，一种两端作平头，一种两端削成梯形。简上有编联痕迹2～3道。其中部分为无字的空白简，有字简经统计为730枚[①]，计13000余字。郭店楚简内容相当丰富，包含多篇古籍，以儒、道两家学说为主。不少篇目不见传世，部分篇目

① 参见荆门市博物馆《郭店楚墓竹简》，文物出版社1998年版，"前言"。

与传世本有较大差别。

发掘者根据墓葬形制与随葬器物对墓葬年代进行推断，郭店1号墓具有战国中期偏晚的特点，下葬时代在前4世纪中期至前3世纪初之间。根据葬制与文献记载的礼仪制度推测，墓主人身份为上士级别。[①]

郭店楚简经编联整理之后，于1998年在文物出版社以《郭店楚墓竹简》为名出版，立刻引起学界关注，各地纷纷举办研讨会、座谈会，围绕郭店楚简举行热烈讨论。1998年，美国达慕思大学举行世界首次"郭店《老子》学术讨论会"，邀请来自各国的30多位学者与会，会后编辑了《〈老子〉国际研讨会纪要》，作为"古代中国研究专刊"在美国出版。1999年，武汉大学召开"郭店楚简国际研讨会"，会议论文由武汉大学中国文化研究院结集为《郭店楚简国际学术研讨会论文集》，于2000年由湖北人民出版社出版。2003年，荆门博物馆在郭店楚简出土十周年之际，举办"郭店楚简国际研讨会"，来自中、日、韩等国40多位专家学者参加了会议。其他以郭店楚简为重点的学术会议不计其数，有关郭店楚简的学术论文已经多达上千篇，研究专著出版几十部。[②]

郭店楚简大致可以分为两个部分：一部分是道家著作，包含《老子》《太一生水》等；另一部分是儒家著作，共计11种14篇。

（一）道家类著作

《老子》共出土三组简牍：甲组39枚，乙组18枚，丙组14枚，总共2046字，相当于今本的五分之二。章节的顺序与今本有很大差异，文字也有不少不同之处。

《老子》一书最迟在战国后期已经有了一定的传播，流传于世的通行本主要有河上公本、王弼本与傅奕本三个版本。1973年长沙马王堆汉墓又出土了帛书本《老子》。有了这么多版本，郭店竹简《老子》的出土为该书的形

① 湖北省荆门市博物馆：《荆门郭店一号楚墓》，《文物》1997年第7期。

② 王永平：《郭店楚简研究综述》，《社会科学战线》2005年第3期。

成与演变提供了重要的新材料。

竹简《老子》三组简文与今本之间的关系，成为学者讨论的热点。崔仁义等学者认为，简文有三组，而文献中记载的老子其人有三个，因而具有对应关系。《史记·老子韩非列传》记载的老子其人有三个，分别是字聃的李耳、老莱子和太史儋。三组简文各自独立，是不同作者的老子学说。[①]沈清松则认为，竹简《老子》是受到儒家诠释影响的《老子》版本，可能是出自儒家或儒家同情者的抄本，很难说是接近原本的抄本。[②]黄钊认为竹简《老子》三组简文，既不是三种不同传本，也不是一种完整的传本，很可能是一种来自稷下道家的摘抄本。竹简本展现出的稷下道家的宽容胸怀、重视术治的思想倾向，及附于篇末的稷下道家作品《太一生水》中积极、求是的学术风格，都显示出郭店《老子》是稷下道家的传本。[③]

如何看待楚简《老子》与今本之间的关系，也是讨论非常热烈的主题。在美国达慕思大学的讨论会上，布朗大学的罗浩教授提出分析该问题的三种理论模型："逻辑型"，即简本是八十一章本的摘抄；"来源型"，即简本是八十一章本的前身；"并行文本型"，即简本是与八十一章本并行的文本。罗浩认为第一和第三种可能较大。[④]后来学者的讨论都未超出这一理论框架。比如崔仁义最早提出简本是今本的来源。[⑤]有学者认为简本不但优于今本，而且是一个原始的完整传本。简本除了文字差别之外，分篇与章序也要优于今本。今本分为道经与德经两篇，但分法有随意性，缺乏明确主题，章与章之间缺乏联系。竹简本的三组简文，各自有其主题，类似《庄子》的内、外、杂篇。竹简本出自春秋末年的老聃，今本则出自战国中期的太史儋。简本没

① 崔仁义、古学勤：《竹简〈老子〉与老子其人》，《荆门职业技术学院学报》1999年第4期。

② 沈清松：《郭店竹简〈老子〉的道论与宇宙论——相关文本的解读与比较》，《哲学与文化》1999年第4期。

③ 黄钊：《竹简〈老子〉应为稷下道家传本的摘抄本》，《中州学刊》2000年第1期。

④ 罗浩：《郭店〈老子〉对文研究的方法论问题》，［美］艾兰、［英］魏克彬原编，刑文编译：《郭店老子——东西方学者的对话》，学苑出版社2002年版，第59～80页。

⑤ 崔仁义：《荆门楚墓出土的竹简〈老子〉初探》，《荆门社会科学》1997年第5期。

有与儒家针锋相对的内容，今本中那些明显否定儒家的部分在简本中多有异文或文字增减。简本是最原始的文本，与今本是两个不同系统的传本。[①]王博认为简本代表《老子》的三种不同传本，是这三种不同传本的摘抄本。[②]

今本中“绝仁弃义，民复孝慈”，在郭店简中写作“绝𢡺(伪)弃虘”，引起学者极大兴趣。“虘”字有不少学者释读为“作”[③]，或“虑”[④]。裘锡圭先认为“虘”从“且”声，与“诈”音近，释为“诈”，从而将该句释为“绝伪去诈”；而后他接受了季旭昇、庞朴等的部分意见，认为将“虘”释为“诈”与前文之“𢡺(伪)”意义重复，故而应该放弃，同时又释为“作”与“怚”都存在同样的问题，故而改释为“虑”。另外对于“𢡺”应该释读成“为”或是“伪”的问题，他认为“伪”可以表示不是出自天性、违背自然的作为，都是“为”的引申义，故而释读为“为”或是“伪”都是可以的。[⑤]许抗生认为，简本中的“绝𢡺(伪)弃虘(虑)”，不同于帛书本与今本的“绝仁弃义”，两者区别很大。今本的“绝仁弃义”说法与同是今本中的“与善仁”思想有矛盾，所以较早的《老子》可能没有这种思想。简本的反儒思想并不明显，因而帛书本与今本“绝仁弃义”可能是庄子学派后来加进去的东西。[⑥]

---

① 郭沂：《从郭店楚简〈老子〉看老子其人其书》，《哲学研究》1998年第7期。

② 王博：《关于郭店楚墓竹简〈老子〉的结构与性质》，《道家文化研究》第十七辑，生活·读书·新知三联书店1999年版，第22～24页。

③ 庞朴：《古墓新知——漫读郭店楚简》，《中国哲学》第二十辑，辽宁教育出版社1999年版，第7～12页。

④［日］池田知久：《荆门市博物馆〈郭店楚墓竹简〉笔记》，达慕思大学郭店《老子》国际研讨会论文，1998年；高明：《读郭店〈老子〉》，《中国文物报》1998年10月28日，第3版；崔仁义：《荆门郭店楚简〈老子〉研究》，科学出版社1998年版，第44页；许抗生：《初读郭店竹简〈老子〉》，《中国哲学》第二十辑，辽宁教育出版社1999年版，第93～102页；韩禄伯：《治国大纲——试读郭店〈老子〉甲组的第一部分》，《道家文化研究》第十七辑，生活·读书·新知三联书店1999年版，第182～196页。

⑤ 裘锡圭：《纠正我在郭店〈老子〉简释读中的一个错误——关于“绝伪弃诈”》，《郭店楚简国际学术研讨会论文集》，湖北人民出版社2000年版，第25～30页。

⑥ 许抗生：《初读郭店竹简〈老子〉》，《中国哲学》第二十辑，辽宁教育出版社1999年版，第93～102页。

郭店楚简《老子》乙组

部分简牍释文:

治人事天,莫若啬。夫唯啬,是以早备,是谓[重积德。重积德则无]不克,[无](简1)不克则莫知其恒,莫知其恒,可以有国。有国之母,可以长[久,是谓深根固柢之法](简2),长生久视之道也。

[为]学者日益,为道者日损。损之又损,以至无为(简3)也,无为而无不为。

绝学无忧,唯与阿,相去几何?美与恶,相去何若?(简4)人之所畏,亦不可以不畏。

人宠辱若惊,贵大患若身。何谓宠(简5)辱?宠为下也,得之若惊,失之若惊,是谓宠辱惊。[何谓贵大患](简6)若身?吾所以有大患者,为吾有身。及吾无身,有何[患焉?故贵以身](简7)为天下,若可以托天下矣。爱以身为天下,若可以寄天下矣(简8)。

上士闻道,仅能行于其中。中士闻道,若闻若亡。下士闻道,大笑之。弗大(简9)笑,不足以为道矣。是以建言有之:明道如昧,夷道[如类,进](简10)道若退。上德如谷,大白如辱,广德如不足,健德如[偷,质]贞如渝(简11)。大方无隅,大器慢成,大音希声,天象无形,道[始无名,善始善成](简12)。

闭其门,塞其兑,终身不。启其兑,塞其事,终身不救。大成若(简13)缺,其用不敝。大盈若冲,其用不穷。大巧若拙,大盛若诎,大直(简14)若屈。燥胜沧,清胜热,清静为天下正。

善建者不拔,善抱者(简15)不脱,子孙以其祭祀不辍。修之身,其德乃贞;修之家,其德有余;修之乡,其德乃长;修之邦,其德乃丰;修之天下,[其德乃溥。以家观]家,以乡观乡,以邦观邦,以天下观天下。吾何以知天[下之然哉?以此](简18)。

关于《老子》的成书年代，学界一直有很多争论，有认为成书于春秋末期、战国中期、战国末期等不同观点。不少学者依据今本《老子》中强烈批判仁义与圣贤的文字，认定该书的年代必然晚于孔子，否则仁义与圣贤思想尚未产生，何来批判。现在简本《老子》的出土，使得这一说法面临了不少挑战。陈鼓应比较了简本与帛书、今本之后，根据简本不反仁义的特点，认为《老子》晚出之说不能成立，其应该成书于春秋末年。[①]王中江把简本《老子》看作传本之一，是真正老子所写的原本，成书不仅早于《孟子》《庄子》，而且比《论语》《孟子》更早，处于春秋末期。[②]也有学者认为，虽然有战国简本出土，《老子》成书时代仍未必早至春秋。李零就曾指出，简本虽然可以证明《老子》并非在前250年出现，时代更早，但到底早至什么时候，仍属未知。[③]从目前的信息来看，我们只能说《老子》的成书时间不晚于战国中期。是否能更早一些，还取决于将来的考古新发现。

《太一生水》总共14枚简，其中7枚完整，7枚残缺，现存305字。因为竹简形制、字体与《老子》丙组相同，所以整理者推测，它们可能原本合编为一册，但因内容相异，最后单独成篇。篇题是整理者根据简文所拟。以“太一生水，水反辅太一，是以成天”开篇，随后，地、神明、阴阳、四时、寒热、湿燥等都在对太一的反辅中产生。“太一藏于水，行于时，周而又始，以己为万物母”这便是该篇的基本思想。李学勤指出《老子》书中并没有“太一”概念，“太一”在道家的起源应当出自关尹一派。[④]“太一生水”深受数术家的影响，应该与天文数术有直接关联，是后世“太一行九宫”数术的雏形。太一是北

① 陈鼓应：《从郭店简本看〈老子〉尚仁及守中思想》，《道家文化研究》第十七辑，生活·读书·新知三联书店1999年版，第64～80页。

② 王中江：《郭店竹简〈老子〉说略》，《中国哲学》第二十辑，辽宁教育出版社1999年版，第103～117页。

③ 李零：《郭店老子校读记》，北京大学出版社2002年版，第31页。

④ 李学勤：《荆门郭店楚简所见关尹遗说》，《中国哲学》第二十辑，辽宁教育出版社1999年版，第160～164页。

辰之神，“太一藏于水，行于时”乃是太一周行，从五行属水的北方开始之意。[①]庞朴认为《太一生水》是与《周易》《老子》所描述的宇宙生成论都不相同的另一种宇宙生成论。太一是开始的开始，不存在从何而来的问题。“太一生水”的“生”不是派生，而是化生。生成的水并非外在于太一，而是太一藏于水中，水就是太一。反辅之说是最大特色。《老子》“道生一，一生二，二生三，三生万物”及《周易》“太极生两仪，两仪生四象，四象生八卦”，都不具备反辅的思想。反辅是在承认作用的同时，承认有反作用发生，是更彻底的运动观。反辅也是宇宙生成的关键步骤，没有反辅，则天、地无法生成。这一宇宙论可能脱胎于水生论，所以太一要先生出水来。太一以己为万物母，显示了太一与万物的关系。[②]许抗生也认为《太一生水》展现出一种十分新颖、与众不同的思想，从宇宙演化学说角度看，它是在《老子》与《淮南子》之间的一个发展阶段。[③]陈鼓应认为该篇反映了先秦哲学在“尚气”理论之外，还有一个“尚水”的理论体系，而此“尚水”的理论在系统性上更加完善。[④]

（二）儒家类著作

学者们对郭店楚简形成了较为一致的意见，即除了《老子》《太一生水》之外，其他14篇都应属于儒家简。这些儒家简牍，被认为填补了儒家学说史上的一段空白。孔子提出“仁”的学说之后，并未回答为何人的性情会变成仁的问题。孔子弟子有的从外部入手，推天及人，形成《易传》那种宇宙论学派。还有一派从内部出发，认为人心天生有善端，形成子思、孟轲的心性

① 李学勤：《太一生水的数术解释》，《道家文化研究》第十七辑，生活·读书·新知三联书店1999年版，第297～300页。

② 庞朴：《一种有机的宇宙生成图式——介绍楚简〈太一生水〉》，《道家文化研究》第十七辑，生活·读书·新知三联书店1999年版，第301～305页。

③ 许抗生：《初读〈太一生水〉》，《道家文化研究》第十七辑，生活·读书·新知三联书店1999年版，第306～315页。

④ 陈鼓应：《〈太一生水〉与〈性自命出〉发微》，《道家文化研究》第十七辑，生活·读书·新知三联书店1999年版。

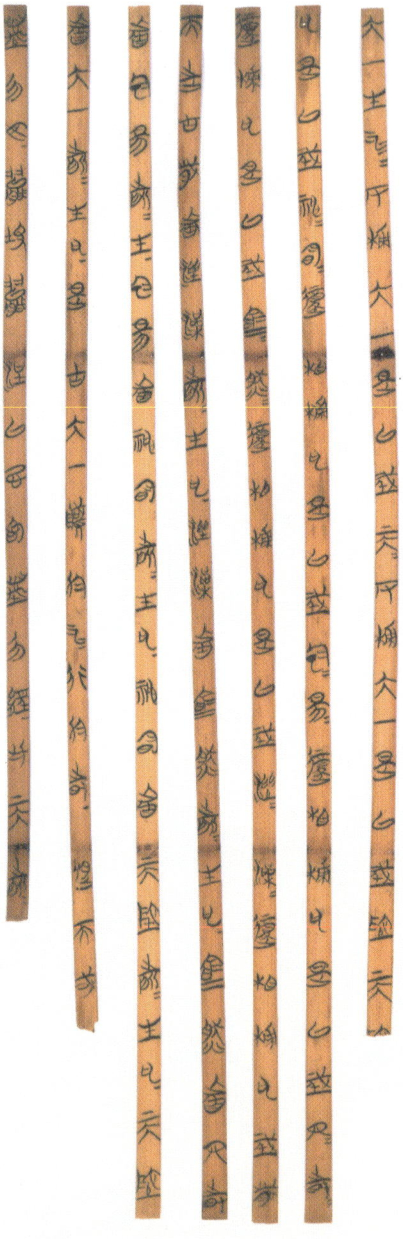

郭店楚简《太一生水》(湖北省博物馆　供图)

简牍释文：

太一生水，水反辅太一，是以成天。天反辅太一，是以成地。天地〔复相辅〕(简1)也，是以成神明。神明复相辅也，是以成阴阳。阴阳复相辅也，是以成四时。四时(简2)复相辅也，是以成湿燥。湿燥复相辅也，成岁(简3)而止。故岁者，湿燥之所生也。湿燥者，沧热之所生也。沧热者，[四时之所生也]四时(简4)者，阴阳之所生[也]。阴阳者，神明之所生也。神明者，天地之所生也。天地(简5)者，太一之所生也。是故太一藏于水，行于时，周而又[始，以己为](简6)万物母。一缺一盈，以己为万物经。此天下之所不能杀，地之所(简7)。

论学派。但从孔子到孟子的一百年间，儒家思想的演变情况一直缺乏史料记载。据郭店楚简资料，两者之间开始出现性自命出、命自天降、道始于情、情生于性、性一心殊等说法，为《中庸》等作了很充分的思想铺垫，从而补全了孔孟之间的理论缺环。[①]

《缁衣》篇用简47枚，保存完整。每简字数多在23～25字，最多者有31字。全篇有23个方形墨块，作为分章标识，与篇尾“二十又三”之数相合。该篇内容与传世《礼记·缁衣》大体相合，只是章数、章序和用字不同，被认为是同一文献的不同传本，整理者因此拟定《缁衣》作为篇题。今本《礼记·缁衣》共25章，简本仅23章。简本无今本的第1、16、18章。简本的第14、15、16章与今本的第7、8章对应。李学勤认为郭店简《缁衣》与《五行》《鲁穆公问子思》三篇，都属于孔子之孙孔伋一系的作品《子思子》。《子思子》在《汉书·艺文志》《隋书·经籍志》和新旧《唐书·经籍志》都有著录，此后才佚失。而据梁朝人沈约所说，《礼记·缁衣》便取自《子思子》。子思也曾担任鲁穆公之师，简本正好出土《鲁穆公问子思》。所以三篇称为《子思子》是恰当的。《子思子》不一定是子思一人的手笔，竹简《子思子》估计成书不会晚于子思的再传弟子。[②]廖名春比较了简本与今本之后认为，简本《缁衣》比今本更好，更加接近古书原貌，确实出自《子思子》。[③]

《鲁穆公问子思》共有8枚竹简，其中2枚残断。篇内有类似分章符号一个。原本并无标题，整理者根据篇首文句拟定篇题。据《汉书·艺文志》记载，《子思子》共有23篇，班固注谓子思“名伋。孔子孙，为鲁穆公师”。又据《史记·孔子世家》载：“子思作《中庸》。”鲁穆公与子思都是战国初期之人，他们生活的时代距离郭店楚简的下葬年代仅有百年左右，所以学者推测该篇或

---

① 庞朴：《古墓新知——漫读郭店楚简》，《中国哲学》第二十辑，辽宁教育出版社1999年版，第7～12页。

② 李学勤：《荆门郭店楚简中的〈子思子〉》，《中国哲学》第二十辑，辽宁教育出版社1999年版，第75～80页。

③ 廖名春：《郭店楚简儒家著作考》，《孔子研究》1998年第3期。

许是子思或其弟子所记载。在《孟子》《韩非子》《礼记》《说苑》等传世文献中，都记载了子思与鲁穆公的对话，但内容与此篇并不相同。《鲁穆公问子思》显示了子思不追求禄爵，却敢于“恒称其君之恶”的批评精神，也与《孟子》等书记载相符。

《穷达以时》全篇共15枚简，原文已残缺，每枚简一般书写18～23字。因为该简的形制与字体书写风格与《鲁穆公问子思》相同，所以李学勤在《天人之分》一文中推测两篇可能是同一竹书中的两章。原本没有篇题，《穷达以时》的篇题是整理者取篇末用语而拟加的。全篇的内容要点主要有两方面。一是“时”（时机、时运）对于人的“穷”（困厄）、“达”（显达）与否起到关键作用，正所谓“有其人，亡其世，虽贤弗行矣。苟有其世，何难之有哉”（简1～2），“穷达以时”（简15）。二是君子修德非为名利，“笃于反己”（简15）。整理者指出《穷达以时》的内容与《荀子·宥坐》、《孔子家语·在厄》、《韩诗外传》卷七、《说苑·杂言》所载孔子困于陈蔡之间时答子路之问的一段对话类似，尤其与后两部书所载特别相近。因简文中“有天有人，天人有分，察天人之分，而知所行矣”的说法，让人想起《荀子·天论》中“明于天人之分”的记载，因《荀子》明言此说是孔子之语，《韩诗外传》卷七也说是“孔子曰”，所以廖名春认为《穷达以时》应当出自孔子。[①]

《五行》篇共有竹简50枚，全篇现存1144字，其中有分章符号27个。《五行》篇与马王堆汉墓帛书《老子甲本卷后古佚书》中的《五行》篇经部大体相同，只是个别文句或段落次序不同，也没有传文部分。这里的“五行”并非指阴阳五行，而是指仁、义、礼、智、圣。帛书本的整理者已经指出这就是《荀子·非十二子》所指斥的子思、孟轲的五行说。按照荀子的说法，“五行”之说由“子思唱之，孟轲和之”。帛书本中传文部分两次引用“世子曰”，世子被认为是孔子的再传弟子世硕，而传文是世子或其门人的作品，经文的时

① 廖名春：《郭店楚简儒家著作考》，《孔子研究》1998年第3期。

代应该更早，“五行”之说创始者子思应该就是经文的作者。[①]廖名春也认为简本《五行》成书年代不晚于孟子，因郭店楚墓下葬于前4世纪中期至前3世纪初，文本抄写年代要早于下葬年代，成书年代又要早于抄写年代，所以很可能是子思的作品。[②]帛书本与简本最大的不同是，帛书有“经”（经文）有“说”（传文），简本有“经”（经文）无“说”（传文），其中原因也引发猜测。庞朴认为，《五行》篇早先是没有“说”（传文）的，后来荀子批评子思学说“幽隐而无说，闭约而无解”，于是思孟学派的弟子们才觉得应该对《五行》缀以解说，以杜讨伐，以广流传，才有了帛书本这种带有解说传文的版本流传。[③]

《唐虞之道》共有29枚简，每简字数在24～27字。简有残损，整理者将全篇连缀成8个段落，各段之首尾或有缺文。该篇主要赞扬尧舜的禅让，叙述了舜知命修身及其具有的仁、义、孝、悌等品德。简文内容在《尚书·尧典》《史记·五帝本纪》《孟子·万章》《墨子·尚贤》里面都有详略不一的记载。因为《唐虞之道》中强调禅让的内容，被怀疑与苏代、鹿毛寿等人游说燕王哙禅让于丞相子之一事有关，从而被划归纵横家作品。[④]李存山认为《唐虞之道》不仅具有“祖述尧舜”“爱亲尊贤”“利天下而弗自利”的儒家传统，而且“禅让”原本就是儒、墨、道等家一致推崇的思想，并非纵横家所独有，所以认定该篇出自纵横家之手的证据不足。[⑤]有关禅让之说起源于儒家或是墨家，学界之前还有争论。廖名春认为从《唐虞之道》来看，禅让说应起源于儒

① 李学勤：《荆门郭店楚简中的〈子思子〉》，《中国哲学》第二十辑，辽宁教育出版社1999年版，第75～80页。

② 廖名春：《郭店楚简儒家著作考》，《孔子研究》1998年第3期。

③ 庞朴：《竹帛〈五行〉篇比较》，《中国哲学》第二十辑，辽宁教育出版社1999年版，第221～227页。

④ 李学勤：《先秦儒家著作的重大发现》，《中国哲学》第二十辑，辽宁教育出版社1999年版，第13～17页。

⑤ 李存山：《读楚简〈忠信之道〉及其它》，《中国哲学》第二十辑，辽宁教育出版社1999年版，第187～203页。

家，简文记载的孝于父方能忠于君、悌于弟方能慈于民的理论，处理好家庭关系才能治理好天下，正是儒家仁学的特色，为尧舜禅让说起于儒家又添一新证。[①]王博认为尧舜禅让的说法最早本于《尚书》，后来才演绎出儒家与墨家的禅让尊贤主题，而《唐虞之道》也显示出与《尚书·尧典》的密切关系。《唐虞之道》也与《管子·戒》有明显联系，但应该是后者沿袭了前者的思想，从而使《管子·戒》呈现出儒道融合、以道为主的色彩。《唐虞之道》虽然与墨家禅让说有相同之处，但在对待养生的态度和对待命的看法问题上有重大差异，所以仍然是儒家内部某一学派的作品。[②]

《忠信之道》全篇共9枚简，保存基本完整，每枚简一般书写29～34字，竹简形制与字体与《唐虞之道》大体相同，所以两篇应该有很密切的关系。篇题为整理者所加，全篇主要谈论"忠""信"问题，论述君子应该达到的"至忠""大忠""至信""大信"的内涵，并且将忠、信联系起来，认为"忠，仁之实也；信，义之期也"，反映儒家对于君子道德的理想追求。孔子对"忠信"有很多论述，但在孔门弟子中，与他讨论忠信问题最多的当属子张。子张还把孔子关于忠信的论述写在大带之上，以示永志不忘。所以有学者认为《忠信之道》是子张本于孔子说而成的论文。[③]陈鼓应则认为其主题"忠信"为孔、老所共同肯定，文中又套用了许多老子习用的语式，该篇似乎是孔、老思想的融合。[④]

《成之闻之》全篇共存40枚简，略有残损，每简字数一般在24～26字。该篇的论述重心在于"求己"在为君之道中的重要地位，阐述只有"求己"方能达到"至顺天常"。整理者将全篇文字编联成10段，此后其他研究者对编联次序提出了不少新意见。郭沂将全文重编为9章，认为《成之闻之》乃是

① 廖名春：《郭店楚简儒家著作考》，《孔子研究》1998年第3期。

② 王博：《关于〈唐虞之道〉的几个问题》，《中国哲学史》1999年第2期。

③ 廖名春：《郭店楚简儒家著作考》，《孔子研究》1998年第3期。

④ 陈鼓应：《〈太一生水〉与〈性自命出〉发微》，《道家文化研究》第十七辑，生活·读书·新知三联书店1999年版，第393～411页。

上承《中庸》“天命之谓性，率性之谓道，修道之谓教”“反身而诚”等学说，下启孟子“自反”“反求诸己”“求其放心”之学，作者为子思后学、孟子前辈。文中引用“君子”之语，“君子”应指子思。[①]廖名春注意到简文对于人性的讨论，简文认为圣人之性与一般人生来具足的性本无不同，是后天原因造成圣人与常人的区别，圣人不推崇性，而圣人之贵在于“求之于己”，这与孟子性善论明显不同，是从孔子到荀子人性论发展的桥梁。[②]

《尊德义》篇存简39枚，每简字数多为22～25字，保存完整，形制与字体与《成之闻之》较为一致。原本没有篇题，整理者根据内容拟加篇题。整理者将全篇文字编联为11段，其他学者对各段的编联与次序等有不少新看法。全篇主要内容是谈论治民之道，强调德教，特别是君上的亲身垂范。篇中提出“民可使道之，而不可使知之。民可导也，而不可强也”，也就是要让百姓沿着“尊仁、亲忠、敬壮、归礼”之道路走下去，但无须让民众以为他们是被引导的；百姓可以引导，但不可强迫。这一思想与《论语·泰伯》“民可使由之，不可使知之”相同。篇中许多语句见于其他传世文献。廖名春认为《尊德义》应是孔子之作品。有学者认为《尊德义》是《中庸》《大学》两部经典的先驱，显示出儒学中的天道、心性、德教、礼乐、仁义乃是一个形上形下贯通衔接的有机整体。[③]

《性自命出》篇存简67枚，其中58枚完整，9枚残断。整简用字多在22～25字。49号简“信矣”、55号简“知道者也”下有墨点。本篇内容又见于上海博物馆藏战国楚竹书，在上博简中被命名为《性情论》。上博简的版本中“信矣”下也有钩形符号，《性自命出》也被认为以此为界分为上、下两篇。上篇主要谈心性，下篇主要谈“情”。文中的心性之论，与《中庸》颇为相近，其中“四海

---

① 郭沂：《郭店楚简〈成之闻之〉篇疏证》，《中国哲学》第二十辑，辽宁教育出版社1999年版，第278～292页。

② 廖名春：《郭店楚简儒家著作考》，《孔子研究》1998年第3期。

③ 陈明：《民本政治的新论证——对〈尊德义〉的一种解读》，《郭店楚简国际学术研讨会论文集》，湖北人民出版社2000年版，第301～309页。

之内，其性一也”之说，与“性相近”相同。“用心各异，教使然也”则与“习相远”相同。简文“性自命出，命自天降”也与《中庸》“天命之谓性”类同。相比之下，《中庸》文字更加简练。《性自命出》的心性论应该是从孔子到《中庸》的桥梁，对后来孟子、荀子的人性论也有影响。同时，《性自命出》展现出以“天—命—性—情—道”的逻辑结构讨论人性，主张命自天降、性自命出、情出于性、道始于情，属于自然人性论。关于《性自命出》究竟是谁的作品，学者们认为存在多种可能，有人认为是子游之作，也有认为是公孙尼子的作品。①

《六德》篇共49枚简，其中39枚完整，10枚残断，每简书写20～22字。《六德》的主要内容是讨论君臣、父子、夫妇之间的人伦道德关系及选贤任能原则。篇内有两个分章符号，所以全篇被分为三章。第一章论述六位、六职、六德等概念。夫、妇、父、子、君、臣为“六位”；此六者各有其职，称为“六职”；六者又有相应之德，称为“六德”。夫、妇等六位应各司其职，做到夫率人以智、妇从人以信、君使人以义、臣事人以忠、父教人以圣、子学人以仁。第二章讲仁内义外之别，提到六位也有内外之分：父子夫为内，君臣父为外。因而只可“为父绝君，不为君绝父”“为昆弟绝妻，不为妻绝昆弟”，正所谓“门内之治恩掩义，门外之治义斩恩”。第三章有缺文，进一步正反论证“夫妇别，父子亲，君臣义”和“夫夫、妇妇、父父、子子、君君、臣臣”的重要性，强调以孝为本，指出“六德”之间的关系是“圣生仁，智率信，义使忠”，这也是后世“三纲”的源头。《六德》与传世的《大戴礼记·本命》《说苑·建本》两篇关系非常密切，后两种文献不仅征引前者的文句，在思想和阐述方式上也有共通之处，从而让学者注意到二戴《礼记》在研究先秦儒学中的重要价值。②

最后还有4篇文献被整理者拟名为《语丛》，因整理者认为《语丛》诸篇的内容与体例与《说苑·丛谈》《淮南子·说林》类似，故而以此命名。李零认

① 陈来：《郭店楚简之〈性自命出〉篇初探》，《孔子研究》1998年第3期。

② 刘乐贤：《郭店楚简〈六德〉初探》，《郭店楚简国际学术研讨会论文集》，湖北人民出版社2000年版，第384～388页。

为《语丛》在内容上与《性自命出》相出入，在形式上类似古代注解，类似杂录先儒之说，是传授经籍的注解体裁，可以称为“儒家杂说”。①

《语丛一》共有竹简112枚，部分竹简有残缺，每简一般书写8字。内容主要是与儒学有关的格言短语，其中不少是概括《易》《诗》《春秋》等经籍的文句。《语丛二》存简54枚，其中残简2枚，同样是每简一般写8字，主要讨论从“性”与“欲”衍生出来的各种情绪与行为等。《语丛三》存简72枚，另外在竹简养护过程中发现另有1枚遗简，共73枚，其中7枚残断。整简写满一般有8～10字，内容涉及君臣、父子、兄弟、朋友之道，还有相应的忠、孝、悌、仁、义等儒家伦理论述。自第64号简以后的各简都分为上下两栏抄写，此种书写格式为以往楚简所未见。《语丛四》共有27枚简。整理者认为全篇由类似格言的句子组成，其中提到君与士结交“巨雄”“谋友”的必要，同时也指出“窃邦者为诸侯”，直接反映了东周时期不同社会阶层对社会的看法。

廖名春认为《语丛一》至《语丛三》虽然是名言的汇集，但基本以儒家之说为主。特别是《语丛二》《语丛三》中一些文句，与《论语》极为接近，应当是孔子另外一些弟子对孔子言论的记述，也反映孔子语录在战国中期的楚国已经相当流行，《论语》的编纂已经开始。②庞朴认为《语丛四》不太像格言式的短语，与其他三篇不同，既非儒家思想也非道家思想，更接近于法家、纵横家。③李零认为《语丛四》与阴谋游说、纵横长短之术有关，类似《太公》《鬼谷》，根据《汉书·艺文志》的界定，应该是道家文献。④朱喆也认为其属于道家学派。⑤在这些看法基础上，有不少学者提出是否应该将《语丛四》从《语丛》诸篇中剔除出去的问题。罗运环指出此观点值得商榷，认为竹简的形

① 李零：《郭店楚简校读记》（增订本），北京大学出版社2002年版，第157页。

② 廖名春：《郭店楚简儒家著作考》，《孔子研究》1998年第3期。

③ 庞朴：《〈语丛〉臆说》，《中国哲学》第二十辑，辽宁教育出版社1999年版，第327～330页。

④ 李零：《郭店楚简校读记》，《道家文化研究》第十七辑，生活·读书·新知三联书店1999年版，第316～331页。

⑤ 朱喆：《〈语丛四〉学派性质刍议》，《郭店楚简国际学术研讨会论文集》，湖北人民出版社2000年版，第402～405页。

制、书体风格都不构成排斥《语丛四》的理由。据《国语·楚语》记载楚庄王做太子时，太子教科书有一种称为《语》的课本，正属于治国之格言警句，《语丛》正属于此类书籍。《语丛四》讲述的是君主的用人之道，并非提倡结交巨雄、谋友，正如《韩非子》收录《说难》篇并非提倡游说之术一样，是辑录者的有心安排。[①]

五、郭店楚简的学术价值

在目前出土的所有楚简中，郭店楚简有着独特的价值与意义，即使后来出土有更多的典籍类简牍，也大致未能改变其在思想文化史上的地位。郭店楚简甫一公布，就有众多著名学者纷纷撰文概述其主旨与学术意义，讨论异常热烈，评价也非常高。[②]总结郭店楚简的相关研究，大致可以肯定它具有如下价值与意义。

（一）填补孔子与孟子之间儒学发展上的关键链环

孔子是儒家的创始人，他的思想最核心部分之一便是仁的学说。《论

① 罗运环：《郭店楚简有关君臣论述的研究——兼论〈语丛四〉的问题》，《郭店楚简国际学术研讨会论文集》，湖北人民出版社2000年版，第398～401页。

② 庞朴：《古墓新知》，《读书》1998年第9期；杜维明：《郭店楚简与先秦儒道思想的重新定位》，《中国哲学》第二十辑，辽宁教育出版社1999年版，第1～6页；庞朴：《古墓新知——漫读郭店楚简》，《中国哲学》第二十辑，辽宁教育出版社1999年版，第11页；李学勤：《先秦儒家著作的重大发现》，《中国哲学》第二十辑，辽宁教育出版社1999年版，第13～17页；郭齐勇：《郭店儒家简的意义与价值》，《湖北大学学报（哲学社会科学版）》1999年第2期；罗运环：《郭店楚简的年代、用途及意义》，《湖北大学学报（哲学社会科学版）》1999年第2期；胡治洪：《试论郭店楚简的文化史意义》，《武汉大学学报（哲学社会科学版）》1999年第6期；任继愈：《郭店楚简与楚文化》，《郭店楚简国际学术研讨会论文集》，湖北人民出版社2000年版，第1～2页；萧萐父：《郭店楚简的价值和意义》，《郭店楚简国际学术研讨会论文集》，湖北人民出版社2000年版；杜维明：《郭店楚简的人文精神》，《郭店楚简国际学术研讨会论文集》，湖北人民出版社2000年版，第22～24页；江林昌：《中国先秦儒道文献的重大发现与深远意义——初读〈郭店楚墓竹简〉》，《烟台大学学报（哲学社会科学版）》2000年第4期；庞朴：《古墓新知——郭店楚简的价值》，《荆门职业技术学院学报》2003年第2期。

语·颜渊》载："樊迟问仁，子曰爱人。"这种"爱人"出自内心深处的平和、谦恭与亲热之情感，虽然或许早期来源于血缘亲情，但是在孔子这里已经扩展为一种相当普遍的情感。"夫仁者，己欲立而立人，己欲达而达人。"让人从自身做起，推己及人便是一种仁。当冉雍问仁时，孔子答复说："出门如见大宾，使民如承大祭。己所不欲，勿施于人。在邦无怨，在家无怨。"待人恭敬、使民宽爱，让所有人都没有怨恨，便是行仁政。这些都是将心比心的体验，是发自内心深处将人看作平等的亲切之情，从视他人与自己如若一体的情感，而引出应当尊重他人的观念。孔子将这种推己及人的情感外延建立起了伦理的基石。但是孔子并未回答为什么人能够仁的问题，也就是为何人会产生这种爱人的观念的问题。如果不弄清仁的来源，那么将人们引导到仁的理想状态就失去了可以凭借的方法与手段。

孔子以后，他的弟子们往往从两个方向试图回答这个问题。一派从人的外部着手，比如《周易·系辞》说"一阴一阳之谓道，继之者善也，成之者性也。仁者见之谓之仁，知者见之谓之知"，天地之间有阴阳大道，道生万物，而后能够继承道的功德者便是顺理滋养万物的"善"，若能成就此道者，便是人之本性。性仁者成就此道便为仁性。《周易·系辞》的作者显然是把仁的形成源头推给了外在的天地阴阳，可以称之为宇宙论学派。

另一派则从人的内部出发，认为人性天生具有善的品质，这就是子思、孟轲的心性论学派。孟子的学说相比孔子，在谈及仁爱之时，大多还会谈到"义"，即"仁义"。孔子主张"性相近，习相远"，人的性情是相近的，人生下来性情、性格相差不多，只是随着后天的习惯不同而逐渐拉大差距。

但孟子主张人性本善，更强调人生下来都是性情善良之辈。孔子的"性相近"如何发展为孟子的"性本善"？仁爱之说又是如何转变为仁义之说？从孔子到孟子一百多年间，儒家学说发生了什么样的演变，才会让孔子学说顺理成章地进入孟子的阶段，因为其中缺少文献记载，以往都是不得而知的。虽然其间传说子思作《中庸》，但不能让人信服其可靠性。直到郭店楚简出土，才让世人得以略微探知这中间发生了什么。郭店楚简的诸多篇章，提出了性自命出、命自天降、道始于情、情生于性、性一心殊等理论，这就为《中庸》“天命之谓性，率性之谓道，修道之谓教”做好了充分的铺垫。另外，孔子学说的核心是仁，并试图把世间所有的道德规范都建立在真情之上，在这方面，会因为强调仁而忽视了其他道德范畴的作用。到了郭店竹简中，这种偏颇得到缓解，比如《五行》篇就强调了仁义礼智圣五种德行，《忠信之道》篇强调忠与信，《唐虞之道》篇强调尊贤与禅让，《语丛》强调廉耻孝慈等。而这些德行，在简文中常常被归为仁义的表现。如“忠，仁之实也；信，义之期也”（《忠信之道》）；“孝，仁之冕也。禅，义之至也”，“爱亲忘贤，仁而未义也；尊贤遗亲，义而未仁也”（《唐虞之道》）；“仁，义、礼所由生也”（《五行》）。这种趋势发展到孟子的言必称仁义，就显得水到渠成了。

（二）出土文献的最早版本

郭店楚简《老子》出土之前，已经有马王堆帛书《老子》、敦煌写本《老子想尔注》与传世诸版本流传。郭店楚简之后，又有北京大学藏西汉竹简《老子》公布。其中马王堆帛书《老子》甲、乙两本在1973年出土于西汉早期墓葬。敦煌写本出自敦煌莫高窟古抄本残卷，被斯坦因带到英国，抄写于六朝时期，保留了汉末时的大致面貌。传世诸版本则从唐代碑刻、写本到宋代刻本，数量上可谓洋洋大观。它们中的最早版本马王堆帛书本，大约成书于秦汉之际。北京大学藏汉简《老子》篇章结构较为完整，被整理者推断为汉武帝后期至汉宣帝间的抄本，时代比马王堆帛书要更晚。[1]郭店楚简《老子》出土于战国中期偏晚的楚墓，说明当时已经有竹书传本，比以上所有版本的时间都早。作为现今的最早版本，郭店竹书本对于讨论《老子》的成书与演

①北京大学出土文献研究所：《北京大学藏西汉竹书（二）》，上海古籍出版社2012年版，“前言”第1页。

变具有非常重大的意义。

另外，郭店竹简《五行》篇比马王堆帛书本《五行》篇更早。竹简《五行》是帛书《五行》的经部，而马王堆帛书《五行》是说部。[①]通过两者的经文对比，会发现简本异于帛书本之处往往有其深刻用意，帛书本常常对这些字句不加注意而试图改动。虽然庞朴先生认为《五行》篇经文的次序，帛书本胜于简本。[②]但多数学者则认为简本章序优于帛书本，更显示出该篇原貌。实际上，两种本子应该没有优劣之分。帛书本偏重“德之行”，而更早的简本对“德之行”与“行”持并重的态度。简本对所谓“五行”即仁义礼智圣的不同特点有着深刻认识，而晚出的帛书本则有意抹杀其差异性。帛书本虽然从思想上具有简洁、有力的特点，但简本具有更多的丰富性。从简本到帛书本，反映了儒家从孔子到子思再到孟子一系思想的发展脉络。[③]

《礼记·缁衣》的创作时间、作者与文本性质等诸多问题向来是礼学研究界的公案，千百年来都未得到公论。郭店楚墓出土有简本《缁衣》篇，后来上海博物馆公布收藏的一批竹简中也有《缁衣》篇，这为《缁衣》的礼学公案提供了解决的契机。郭店简本《缁衣》与上海博物馆藏竹简《缁衣》，虽然书写风格不同，但章数、章序、体例基本相同，显示出战国中期该篇的文本已经趋于稳定。简本与传世本虽然主体内容大致相同，但在章数、章序、体例、字数还有引用《诗》《书》等方面有着明显差异。传世本比简本多出了三章，有不少学者认为是后人窜入的文字。李学勤先生则倾向于认为其并非后人窜入，仅仅是因古书传本不同而导致的。林素清先生认为郭店简本《缁衣》具有明显的战国楚系文字特征，而上博

① 陈来：《早期儒家的德行论——以郭店楚简〈六德〉〈五行〉为中心》，《北京大学学报（哲学社会科学版）》2018年第2期。

② 庞朴：《竹帛〈五行〉篇比较》，《人民政协报》1998年8月3日，第3版。

③ 荀东锋：《简、帛〈五行〉经文校比及思想缕析》，《武陵学刊》2015年第6期。

本则是“非楚”色彩的。[1]冯圣君、巫雪如先后撰文指出上博简《缁衣》字体具有齐系及三晋特色。[2]另外，郭店简本《缁衣》相比上博简要更加完整。郭店简本共47枚简，1136字；上博简折损、残缺严重，共24枚简，仅8枚完简，共978字。从文本完整性与科学发掘方面来考虑，郭店楚简本应比上博藏本具有更重要的意义。

李零先生曾指出：“郭店楚简的重要性在于……如果我们把古书比作一条藏在云端的龙，宋元以来的古书是它的尾巴，敦煌的发现是它的身子，那么，现在的发现就是它的脖子，我们离看到龙头的日子已不太远了。”[3]其说甚是。随着郭店楚简的公布，对许多传世文献最早版本的追寻向前跨进了一大步。

（三）展示早期道家与儒家之间的关系

在郭店楚简出土前，学界对于早期儒道关系的基本认识很大程度上受到司马迁在《史记·老子韩非列传》中的论述影响。《史记·老子韩非列传》写道：“世之学老子者则绌儒学，儒学亦绌老子。‘道不同不相为谋’，岂谓是邪？”在司马迁看来，先秦时期两派的关系势不两立，十分紧张。即使从传世文献来看，也能看到两家碰撞的火花。今本《老子》第十九章载：“绝圣弃智，民利百倍；绝仁弃义，民复孝慈；绝巧弃利，盗贼无有。”[4]只有绝弃仁义，才能使得人民回复孝慈的天性。这里的仁与义，一般被认为是儒家的两个基本概念。道家要与仁义一刀两断，不可以容忍仁、义，所以才会有“绝仁弃义”之语。另外，今本《老子》第十八章载：“大道废，有仁义；智慧出，有大伪；六亲不合，有孝慈；国家昏乱，有忠臣。”[5]按照《河上公章句》注的说法，“大

① 林素清：《郭店、上博〈缁衣〉简之比较——简论战国文字的国别问题》，谢维扬主编：《新出土文献与古代文明研究》，上海大学出版社2004年版，第83～96页。

② 参见冯胜君《郭店简与上博简对比研究》，线装书局2007年版。

③ 李零：《重见“七十子”》，《读书》2002年第4期。

④ 王弼注：《老子道德经注校释》，中华书局2008年版，第45页。

⑤ 王弼注：《老子道德经注校释》，中华书局2008年版，第43页。

道之时，家有孝子，户有忠信，仁义不见也。大道废不用，恶逆生，乃有仁义可传道”[1]。道家将仁义认定为是与大道相违背的，故而只有在大道废弛之时，才会有仁义出现。不论是孝慈之人，还是忠贞之臣，都只会在混乱的秩序之下出现。孝慈与忠臣，都属于儒家推崇的仁义范畴。所以“大道废，有仁义”仍是冲着儒家的核心价值观而来。从这两则材料来看，儒家与道家确实是“道不同不相为谋”，甚至是势同水火。

郭店楚简《老子》甲本篇首载：“(绝)智弃支(辨)，民利百怀(倍)。㡭(绝)攷(巧)弃利，覜(盗)惻(贼)亡又(有)。㡭(绝)𢥞(伪)弃慮(虑)，民复季子。”第一句与第二句，与传世《老子》原文相差不远。不论是“绝智弃辨”或是“绝圣弃智”，字义其实相差不多。唯有第三句出现了较大差异，传世本中的“绝仁弃义”不见踪迹，取而代之的是“绝伪弃虑”。楚简中的“𢥞”字，学者的看法比较接近。庞朴先生认为表示一种心态，是为的心态或心态的为，即不是行为而是心为。[2]裘锡圭先生认为应读作“伪”，理解为“背自然”的“人为”，既不是一般的“为”，更不是“诈伪”的“伪”。[3]至于简文中的“慮”字，最早由崔仁义先生释作“虑”。[4]许抗生、裘锡圭等先生亦赞同“虑”字之说。[5]简文中的“𢥞”虽然读作“伪”，但并非伪造之伪。正如《荀子·正名》所载：“情然而心为之择谓之虑。心虑而能为之动谓之伪。虑积焉、能习焉而后成谓之伪。”[6]在荀子那里，“虑”与“伪”是两个相对的概念，指经过思虑的选择和故

① 王卡点校：《老子道德经河上公章句》卷二，中华书局1993年版，第73页。

② 庞朴：《古墓新知》，《郭店楚简研究》(《中国哲学》第二十辑)，辽宁教育出版社1999年版，第7～12页。

③ 裘锡圭：《纠正我在郭店〈老子〉简释读中的一个错误——关于“绝伪弃诈”》，《郭店楚简国际学术研讨会论文集》，湖北人民出版社2000年版，第25～30页。

④ 崔仁义：《荆门郭店楚简〈老子〉研究》，科学出版社1998年版，第44页。

⑤ 许抗生：《初读郭店楚简〈老子〉》，《中国哲学》第二十辑，辽宁教育出版社1999年版，第93-102页；裘锡圭：《纠正我在郭店〈老子〉简释读中的一个错误——关于“绝伪弃诈”》，《郭店楚简国际学术研讨会论文集》，湖北人民出版社2000年版，第25～30页。

⑥ 王先谦：《荀子集解》，中华书局1988年版，第412页。

意的作为，正好与简文相同。简本“民复季子”，是让民众回复到小儿、赤子的精神状态，回归道德淳朴的本质，与传世本“民复孝慈”的意思有相近之处。通过比对此处郭店简本与今本《老子》，我们会看到早期的道家并未激烈反对“仁义”等儒家的核心学说，反而与《荀子》等儒家文献有相合之处，儒道两家在人的道德行为方面并未各走一端。

郭店《老子》丙本载：“古（故）大道癹（废），安又（有）𢚧（仁）义。六新（亲）不和，安又（有）孝𡥈（慈）。邦□（家）緍（昏）[乱，安]又（有）正臣。”简文中“癹”读为“废”，“𢚧”为“仁”字古文。“緍”读为“昏”。“乱”字仅残存上端，与甲本26号简“乱”字的字形相合。“安”字有两种解释：一种是用作疑问副词，相当于“岂”“怎么会”；还有一种是表示承接的连词，相当于“乃”“于是”。第二种解释更接近于今本。值得注意的是，今本比郭店简本多出了“智慧出，有大伪”一句，将“大伪”与“仁义”“孝慈”“忠臣”并列在一起，使得“仁义”“孝慈”“忠臣”带有了讽刺与否定的含义。简本恰恰没有此句，意味着早期道家对于仁义学说并非持排斥态度的。所谓“大道废，安有仁义”，仅仅只是将道的自然无为放在老学的首位，“仁义”在道家学说中居于次要地位而已，但并不是贬抑而是包容。没有“智慧出，有大伪”这种对于仁义学说明显贬损的表述，显示早期道家学说是不反对仁义的。①

早期的道家思想与儒家之间的关系，虽然不是其乐融融，但也说不上是势同水火。两者之间有着一定包容性，并非像后世传本那样显示出互相攻讦的态势，而郭店楚简在此方面给出了重要线索。

（四）显示先秦道家最完整的宇宙生成图式

郭店楚墓出土的《太一生水》篇，在学术界引起了非常热烈的讨论，被认为展示了先秦时期道家最完整的宇宙生成图式。虽然有部分学者认为

① 聂中庆：《早期儒道关系考辨——从楚简〈老子〉与今本〈老子〉比较谈起》，《社会科学辑刊》2004年第1期。

该篇是其他学派作品，比如有认为是阴阳家作品的[1]，有认为是先秦数术流派作品[2]，还有认为是儒家作品的[3]，但多数学者都认可它是道家的作品。

《太一生水》篇共14支简，其中第1~8简主要讨论了宇宙生成的过程，是全篇的主体部分。其内容又可以分为两个部分：第一部分从“太一生水”开始，顺向推论到“岁”的生成，谈“太一”如何一步步生成宇宙。

> 太一生水，水反辅太一，是以成天。天反辅太一，是以成地。天［地复相辅］也，是以成神明。神明复相辅也，是以成阴阳。阴阳复相辅也，是以成四时。四时复［相］辅也，是以成沧热。沧热复相辅也，是以成湿燥。湿燥复相辅也，成岁而止。

第二部分从“岁”为“湿燥之所生”开始，逆向推论到天地为“太一之所生”，谈现存宇宙如何一步步生自“太一”。

> 故岁者，湿燥之所生也。湿燥者，沧热之所生也。沧热者，四时［之所生也。四时］者，阴阳之所生。阴阳者，神明之所生也。神明者，天地之所生也。天地者，太一之所生也。

在第1~8简的内部，又可以分为两个层次：一层是空间（即天地）的创

---

① 萧汉明：《〈太一生水〉的宇宙论与学派属性》，《学术月刊》2001年第12期；丁四新：《楚简〈太一生水〉研究——兼对当前〈太一生水〉》研究的总体批评》，《楚地出土简帛文献思想研究（一）》，湖北教育出版社2002年版。

② 陈恩林：《〈太一生水〉与〈老子〉及〈易传〉的关系——〈太一生水〉不属于道家学派》，《社会科学战线》2004年第6期。

③ 周凤五：《郭店竹简的形式特征及其分类意义》，武汉大学中国文化研究院编：《郭店楚简国际学术研讨会论文集》，湖北人民出版社2000年版，第53~63页。

造过程，相当于《周易·系辞》中“太极生两仪”；另一层是时间（即岁时）的创造过程，相当于《周易·系辞》中“两仪生四象”。

所谓“太一”，是哲学上的终极概念，它是“道”的别名。关于“太一”之名的来源，存在有不同的看法。庞朴先生则认为“太一”即为开始的开始，只有“以后”并无“从前”。[①]李学勤先生结合汉代数术文献记载，认为它是古人心目中的北辰之神。[②] 李泽厚先生怀疑“太一”来源于上古先民在原始巫术仪典中可感受到却又难以言说、不可揣度的巨大神秘力量。[③]学者们一般将“太一”视为宇宙起源或万物之开端。“太一”与“水”的关系，也是讨论的热点。“太一”在宇宙生成过程中起到主导作用，“水”则有着特殊的地位。太一生水之后，太一便不再直接存在，但它并未消失，而是存于水中，这便是“太一藏于水”。

《老子》第八章中有推崇水的句子，云：“上善若水。水善利万物而不争。”第七十八章载：“天下莫柔弱于水，而攻坚强者莫之能胜。”所以说老子尚水也不为过。但《老子》对水的推崇多表现为道德上的肯定与制胜之术，并不涉及世界本原。反倒是在《文子》《淮南子》等文献中，有篇章展开了道家对于宇宙生成过程中涉及与水相关的状态与运动的描述。《文子·道原》载：“老子曰：‘有物混成，先天地生。惟象无形，窈窈冥冥，寂寥淡漠，不闻其声。吾强为之名，字之曰道。’夫道者，高不可极，深不可测，苞裹天地，禀受无形，原流泏泏，冲而不盈，浊以静之，徐清。”其中“泏泏”即为水流出貌。《玉篇》：“泏，水出貌。”马王堆帛书《道原》篇载：“恒先之初，迥同大（太）虚。虚同为一，恒一而止。湿湿梦梦，未有明晦。”“湿湿”即水开合之貌。《淮南

① 庞朴：《一种有机的宇宙生成图式——介绍楚简〈太一生水〉》，《道家文化研究》第十七辑，生活·读书·新知三联书店1999年版，第301～305页。

② 李学勤：《太一生水的数术解释》，《道家文化研究》第十七辑，生活·读书·新知三联书店1999年版，第297～300页。

③ 李泽厚：《初读竹简印象纪要》，《道家文化研究》第十七辑，生活·读书·新知三联书店1999年版，第412～422页。

子·俶真训》云："有未始有夫未始有有无者，天地未剖，阴阳未判，四时未分，万物未生，汪然平静，寂然清澄，莫见其形。""汪然"即水深广貌。《说文》："汪，深广也……一曰汪，池也。""清澄"也是水清明澄澈之貌。以上文献在论及天地未生之前的状态，虽然都采用了暗示涉及水的状态与运动的语词，但都更像是一种比喻，并未点破水最初始的形态。直到郭店楚简出土，才明晰了"太一生水"的含义，显示出"水"及其状态并不是"道"的比喻，而是"道—太一"在生成天地万物的过程中的过渡形态。庞朴先生认为它为我们提供了一种最古老的宇宙生成模式。[①]郭沂先生也认为这是先秦哲学史上一套最完整、最精致、最独特的宇宙生成论。[②]在《淮南子》等文献之后，晚出的宇宙生成论中不再有"水"的地位，但是在宇宙结构理论"浑天说"之中，水的地位又受到推崇。比如两汉之际的纬书《春秋元命苞》载："水者，天地之包幕。"[③]《晋书·天文志》引用《黄帝书》，曰："天在地外，水在天外。"张衡在《浑天仪注》中也记载："浑天如鸡子，天体圆如弹丸，地如鸡子中黄，孤居于内。天大而地小，天表里有水。天之包地，犹壳之裹黄。天地各乘气而立，载水而浮。"[④]武家璧先生据此认为《太一生水》篇反映的宇宙生成论可能与早期浑天说有密切关系。[⑤]

---

① 庞朴：《古墓新知——郭店楚简的价值》，《荆门职业技术学院学报》2003年第2期。

② 郭沂：《郭店竹简与先秦学术思想》，上海教育出版社2001年版，第741页。

③［日］安居香山、中村璋八：《纬书集成·春秋编·春秋元命苞》，河北人民出版社1994年版，第598页。

④（唐）瞿昙悉达撰，常秉义点校：《开元占经》卷一《天地名体》，中央编译出版社2006年版，第2页。

⑤ 武家璧：《郭店楚简〈太一生水〉与中国古代宇宙理论》，刘玉堂：《楚学论丛》第十辑，湖北人民出版社2021年版，第281～295页。

后记

从本书立项至今已是第五个年头，成书过程中，写作提纲、文字和图片内容、书名和著作形式等都经过多次修改和调整。然而，正如对标识的提练一样，本书的主编和各位作者，在书稿完善的过程中，对楚文化的认识也得到了升华和提升。我们从和氏璧、曾侯乙编钟、曾侯乙尊盘、虎座鸟架鼓、章华台、郭店楚简等最具标志性文物（遗址）入手，最终形成了楚凤、楚玉、楚乐、楚金、楚漆器、楚建筑、楚典籍七个篇章。即便如此，本书对楚文化标识的提练依然只是抛砖引玉，对于博大精深的楚文化来说，仍然难以说是切中肯綮。如今，小书即将出版，可谓感慨万千。

本书由湖北省社会科学院原党组书记张忠家总策划与设计，组织提炼各篇章提纲，并审定通稿。各篇章撰写分工如下：吴艳荣撰写楚凤篇；尹弘兵撰写楚玉篇；易德生撰写楚乐、楚金篇；黄莹撰写楚漆器篇；贾海燕、张硕撰写楚建筑篇；王准撰写楚典籍篇。

本书得到了湖北省社会科学院副院长袁北星、楚文化研究所所长陈绍辉、楚文化研究所副所长陈文华等的指导与支持，对此，我们真诚致谢！同时，湖北人民出版社为本书的出版付出了辛勤努力，湖北省博物馆提供了丰富的文物图片，在此一并表示深深的谢意。

在研究和探讨过程中,我们参阅了大量著作、学术论文等文献资料,在此对论著作者表示感谢!因客观条件限制,本书在文献整理、分析和材料论证等方面仍可能存在诸多不足,还望各方家与读者批评指正,并提出宝贵意见。

2025年1月4日

于武汉东湖